夢も金もない高校生が知ると得する進路ガイド

石渡嶺司

JN053085

星海社

303

SEIKAISHA SHINSHO

はじめに

「台風は良いですよね、進路があって」

以前、講演をした高校の感想文でこんな一文がありました。

誰もがどこかで必ず経験する、進路選択。

特に高校卒業後の進路とは、大学進学なのか、短大・専門学校進学なのか、あるいは高卒就職なのか、いずれにしても、高校卒業後の長い人生を左右する選択になります。

ほとんど知識がない状態で「さあ、進路を選びなさい」と言われても困るわけです。

さらに、高校生は、それまで先生や親に「あれをやれ、これをやれ」と命令される、あるいは、「あれをやるな、これをやるな」と禁止され続け、進路選びになった途端、「進路を自由に選びなさい」と言われるわけです。

「自由に、と言われても分からねえよ！」というのがホンネでしょう。

さらに話をややこしくするのが「夢」です。

「夢を持ちましょう。その夢を実現するために進路を選びましょう」

進路を決める軸として「夢」が重視されるようになったのは2000年代に入ってからです。

2003年には『13歳のハローワーク』（村上龍、幻冬舎）が刊行され、130万部ものミリオンセラーとなり、2020年代の現在でも中学校や高校の図書室にはほぼ必ず、置かれています。

冒頭では、「この本は、好奇心を対象別に分けて、その対象の先にあると思われる仕事・職業を紹介しようという目的で作りました」とあります。

「自分のやりたいことを仕事にする」という発想が合っている人もいます。

しかし、この発想が行き過ぎた結果、一時は、「自分のやりたいことを無理にでも見つけて仕事にすべき」となってしまいました。

「夢」と似たものが、「好きなこと」。

2014年からYouTubeは「好きなことで、生きていく」キャンペーンを開始し、HIKAKINやはじめしゃちょーなど、2024年現在も活躍するYouTuberたちが起用されました。

好きなことを仕事にして、それで稼げるのであればこれほど幸せなことはないとはいえ、

YouTuberを、それも専業でやっていけるのはごく少数です。

好きなことを仕事に、と言われてもどうでしょうか。多くの高校生にとって、好きなこととは趣味レベルでしょう。

夢もはっきりしていないし、好きなことも趣味レベル。それでも、「夢で進路を選べ」と言われ続ければ、無理にでも夢や好きなことで進路を決めるしかありません。

そこで多くの高校生が進路に選ぶのが、看護師などの医療職、スポーツ・漫画・アニメなど自分が好きなことに関連する職業です。特に後者は、憧れる人が多いことから「憧れ系職種」とまとめることもできます。

しかし、「憧れ系職種」を目指した先の現実は、憧れる通りでしょうか。

下の表は、憧れ系職種の平均年収です。

いずれも、低い待遇で苦労することになります。

もちろん、ごく一部のトップクラスは野球選手でも、声優でもトリマーでも、高い年収・待遇を得ることができます。

しかし、それはあくまでもごく一部であり、専門学校に進学した

動物看護師	312万円
声優	300万円以下
美容師	290万円
エステティシャン	276.9万円
ネイリスト	271.9万円
声優（20代・30代）	100万円以下
会社員	456.6万円
看護師	508.1万円

憧れ系職種の平均年収一覧

VOICTIONによる「声優の収入実態調査」、全研本社「2023年6月 最低賃金から見る美容業界の給料調査」、厚生労働省「令和4年度 賃金構造基本統計調査」、国税庁「令和4年分 民間給与実態統計調査」を元に筆者作成

からどうにかなったというよりは、高校以前から努力していて、才能があった人に限られます。

このように、憧れ系職種のための専門学校に進学しても、そのほとんどは低い待遇で苦しむことになります。

そして、結果的にはその憧れ系職種を諦めて他の職種に転換していく、いうなれば、学費の払い損になりかねません。

憧れ系職種の大半が低待遇で苦しむことは、進路指導やキャリア研究に熱心な高校教員は知っています。２０１０年代に夢を軸に進路を選ぶことの危険性が指摘され始め、２０２０年代現在では、「進路で夢を強調しすぎるのは危険」という考え方が広く認識されつつあります。

ところが、この発想が行き過ぎると、今度は「夢なんてくだらない、現実を見ろ」という指導になってしまいます。

「現実を見ろ」と言われても、その現実が分からないから夢や好きなことで進路選択をしたのに、否定されてはたまりません。

その結果、高校生と教員（あるいは親）が無用の対立をしてしまうこともあります。

そもそも夢を持った高校生はどこまで夢に向かって頑張るべきか、あるいは、現実を見て夢を諦めるべきなのでしょうか？

高校生の進路選びで話をややこしくするのは、夢だけではありません。進学するとなるとお金がかかります。

世帯収入の低い世帯であれば、奨学金や修学支援新制度を考えるでしょう。しかし、これらの制度はあまりに複雑。修学支援新制度については、２０２０年に登場してから２０２４年に拡充、２０２５年にさらに変更予定と、高校生どころか教員も理解が追いついていません。

進学にかかるお金の問題、そして進路に関連する夢の問題、それぞれは独立しておらず、つながっています。

ところが、高校の進路指導、あるいは関連する本はその多くを別の問題として取り扱っています。

その結果、本来なら知っておくと得する進路情報を見逃してしまう、というケースが全国各地で頻発しています。

例えば、中学校までは勉強が苦手。だけど、高校から地道に勉強をして、部活や探究の時間も頑張って、「大学でもうちょっと勉強してみたい」と考えた高校生。でも、地元の国公立大学進学は一般選抜でも総合型・学校推薦型でも難しそう。と、言っても、浪人する余裕はないし私立大学進学も無理そう。

こういう高校生が「夢も金も」となると、最後は大学進学そのものを諦めてしまい、地元の短大・専門学校進学か高卒就職か、どちらか、というのがよくある話です。

本当にそれでいいの？

国公立大学に編入学できる短大や専門学校（それも公立）が、実は少数ながら日本には存在します。別の地方からの進学でも、生活費などはそこまで高額ではありません。そこで編入対策を進めれば4年制大学に編入学が可能ですし、試験に合格すれば国公立大学への編入もできます。

もちろん、編入学だけではありません。大学進学であっても、短大・専門学校進学であっても、高卒就職であっても、それぞれ知っておくと得する情報は多くあります。その一方で知らないと高校生が損する落とし穴もまた多く存在します。

本書は「知ると得する」のタイトル通り、進路の選び方から大学進学、短大・専門学校進学、高卒就職について、そして、それぞれに関するお金の話を解説した進路ガイドです。

第1章では、進路の選び方について、特に夢の取扱い方について解説します。

第2章では、進路の選び方のうち、夢以外の要素について解説します。この章では高校生がネット上でしか見ない、学歴フィルターや大学名差別についても解説しています。

第3章では、お金の面から進路を考えていきます。「高卒就職の方が得」はどこまでホントかウソか、奨学金や修学支援新制度、そして、大卒総合職が対象となる奨学金返済支援制度などについて解説します。

第4章では、知ると得する大学オープンキャンパス・情報収集や学部の選び方について解説します。

第5章では、大学入試について解説します。共通テストや一般選抜、総合型選抜・学校推薦型選抜の変化や高校生が見逃しがちな落とし穴（とその対策）などをまとめました。模試の判定や塾・予備校の選び方についても解説しています。

第6章では、短大・専門学校進学について解説します。短大・専門学校がオープンキャンパスでは絶対に言わない真相、オープンキャンパス・早期出願のワナ、そして、国公立大学に編入できる短大についても解説します。

第7章では、高卒就職について解説します。成績が普通、あるいは平均以下でも明暗が分かれてしまうのが高卒就職です。2人に1人が早期退職する真相や、働くだけで得する企業についても解説します。

本書では基本的に大学進学をおすすめしていますが、大学ではなく短大・専門学校進学や高卒就職についても、どこがポイントとなるのか、知っておくと得する情報を盛り込んでいます。

「夢もないし、金もないし、人生オワタ」

そう嘆く高校生に、進路関連の取材歴22年の私は声を大にして言いたい。

「夢も金もなくても、君の将来、そう捨てたものではないよ」と。

本書の情報は2024年4月時点のものです。

目次

第2章 夢以外で進路が選べる　普通の高校生が知ると得する進路の教養

第5章 知らないとしんどい大学入試の変化 217

第6章 知ると得する短大・専門学校進学 261

第7章　成績が普通でも明暗分かれる高卒就職　297

第1章

高校生が知らないと損する進路と夢の関係

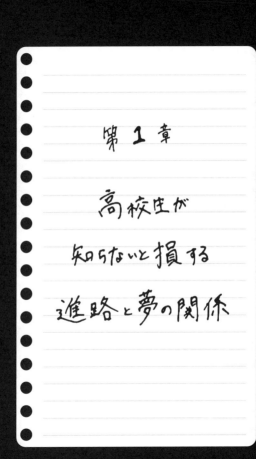

○夢を巡って真逆の意見

夢が進路選びの要素となっていることは、冒頭でもご紹介しました。「夢を実現しよう」「夢に向かって頑張ろう」など、進路選択では前向きなメッセージとともに登場することが珍しくありません。

しかし、一方で夢は高校生を迷わせる、あるいは、惑わせる要素でもあります。理由は簡単で、夢がはっきりしている高校生は少数派だからです。

そして、さらにややこしいのは、「夢で進路を選べ」という大人もいれば、その逆、「夢なんかくだらない（または危険）。現実で進路を選べ」という大人もいることです。

どちらもそれなりの根拠を持って話すので、多くの高校生は「どっちだよ?」と、余計に困ることになります。

○夢の効用

まずは「夢」という曖昧でぼんやりとしたものを、もう少しはっきりと分かりやすいものにしていきましょう。

進路選択において「夢」という言葉は多くの場合、「夢＝目標・ゴール」として使われます。「夢＝目標・ゴール」と考えて、目的をはっきりさせる方がより前向きになれますよね。

例えば、校庭でランニングをしているとしましょう。何周しても「まだ走れ」「頑張れ」と言われたら、どうでしょうか？　そのうちに疲れ果ててやる気をなくすはずです。

あるいは、無謀な指示をした教員だか、部活の先輩に対して「パワハラで訴える先はどこだろうか」などと考えるかもしれません。

一方、「10周しろ」などゴールがはっきりしていれば話は変わります。ペース配分をどうするかを考える余裕が出て「あと2周でゴールだから」と頑張れるはずです。

このように、夢をはっきりさせると、進路選びも明確になる、これが夢の効用です。

◯「夢＝目標」という設定に当てはまる？

ただし、「夢＝目標・ゴール」の発想がうまくいくケースもあればそうではないケースもあります。と言いますか、はっきり言って「そうではないケース」の方が多数派です。

「校庭を10周しろ」と先生に言われれば、高校生のほとんどは走れます（速い・遅いは別として）。それは、「校庭10周」は短期的に達成可能な目標だからです。

それでは、高校卒業後の進路は「短期的に達成可能な目標」でしょうか？

例えば、高校野球の全国大会（甲子園）に出場し実績を残していれば、プロ野球か、すごい選手ならメジャーリーグ、独立リーグや大学野球・社会人野球などに進む可能性が高いです。

こうした人たちの「将来は野球選手になりたい」は、短期的とまでは言わなくても中長期的には達成可能な範囲にある目標になっています。つまり、「夢＝目標」とすることが可能です。

一方で、高校野球の全国大会どころか地方大会の出場経験なし、他のスポーツの実績もなし、「校庭10周」と言われても1周で息が上がってしまう人の「将来は野球選手になりたい」はどうでしょうか？

どう考えても、「夢＝目標」とは言えません。むしろ、「夢＝幻」と言った方が適切です。

これは極端な事例ですが、「夢＝目標・ゴール」という前提は、その人が夢に対して努力しており、かつ、実績を残しているケースに限られます。当然ながら、そうした高校生は少数しかいません。

多くの高校生にとって、夢は短期的に達成可能な目標ではなく、どうなるか分からない曖昧なものでしかありません。

それでも、進学後の進路選択が限定されにくい大学進学は、「夢＝目標」としても有効となる機会が現代にも多くあります。

俳優・阿部寛《あべひろし》さんの物まねで有名な都留拓也《つるたくや》さんは、母親の勧めで公立の中高一貫校に進学したのち、お笑いサークルの強い千葉大学に進学しました。

都留さんは新聞のコラムで次のように語っています。


「僕の場合、親や先生に言われたことを割と素直に受け入れてその通りにし、結果的に自分がやりたいことに照らしても遠回りになりませんでした。いま進路に迷っている人がいたら、信頼できる人の助言を聞きながら、最後は自分がやりたい道を選んでほしいと言ってあげたいですね[*1]」


仮に都留さんがお笑い芸人を大学在学中に諦めても、あるいは、大学卒業後にお笑い芸人を目指しつつ途中で断念したとしても、大卒で就職をするなど軌道修正は可能でした。

このような軌道修正がしやすいというメリットが、大学進学には存在します。だからこそ、「夢＝目標」とするのはそう大きく外れてはいないとも言えます。

一方、高卒就職や短大・専門学校についてはどうでしょうか。

これらは、専門性が高い一方で、大学進学ほど軌道修正がしやすくないという特徴があります。そのため、「夢＝目標」として照準を定めてしまうのはいかがなものかとも考えられるわけです。

○無理やりの「夢」で成功した社会人

冒頭でも触れたように、夢という概念そのものが非常に曖昧であり、捉え方も様々です。その曖昧さから、夢と進路選択を無理に結びつけてしまうことを、私は「夢＝目標」説と呼んでいます。

これは、「夢を持ちましょう」「夢に沿った進路選択を」などの指導のように、なにか一つ夢（＝目標）を決めるべきというものです。

この「夢＝目標」説を支持する社会人からすれば、「夢を否定するなんて冷たい」とか「10代は無理にでも夢を持つべきだ」など、強い口調で反論がきます。

その根拠は若者の強さ、そして反論者の経験が挙げられます。

まず前者「若者の強さ」。10代・20代のうちに始めたことは困難が伴う反面、若いうちだからこそできる（あるいは、できた）ということが多分にあります。純粋な思いがある、固定観念がない、（中高年に比べて）体力があるので無理が利く、など、要因は様々。

他ならぬ私もそうです。

前職（編集プロダクション）は超の付くブラック企業で、理不尽な理由で解雇されたのが2003年1月でした。それを奇貨《きか》として大学関連の書籍刊行を考えて売り込み開始。20社以上断られた後にデビューが決まり、以降22年、大学ジャーナリストとして仕事を続けています。

今思えば、「あれでよく大学ジャーナリストを自称できたよな」と思うほど、知識も勉強量も不足していました。それもこれも若いからこそできたことであり、今なら絶対できなかった、と思います。多少無謀でも、成功する自信がなくても、一つ夢を持ってがむしゃらに努力することで叶うかもしれない、そんな若さゆえの可能性や強さがあるということは、否定できません。

そして後者、「反論者の経験」ですが、これは「夢＝目標」を無理に決められたことで結果的に得をした経験を意味します。

１９９０年代以前の日本は経済成長を続けていました。この時期の高卒就職は、成績順などで企業に割り振られる指導が中心です。大卒は現在と同じく自由応募ですが、高卒就職・大卒就職とも夢が軸になることは多くありませんでした。

むしろ、高卒就職を中心として、教員による強制的な割り振りで決まることがほとんどだったのです。

ところが、そうして入社した企業でも、経済成長の恩恵を受けることが多くありました。気が付けばボロボロだった社屋からきれいなオフィスに変わり、給料も上がるということが珍しくなかったのです。

こうした社会人からすれば、「あのとき強制的に割り振られて良かった。だから、悩んでいるのなら親が介入してあげて、無理にでも目標を定めさせるべきだ」と考えます。そうして、「夢＝目標」説につながるのです。

なお、日本経済が低成長となった1990年代以降でも、地方を中心に、安定した企業に就職した社会人も同様です。

実は、体育教員にも「夢＝目標」説に賛成する方が多くいます。これも「結果的には良かった」という自身の経験によります。

高校の運動部指導者が大学のスポーツ推薦受験を決める際は、運動部での成績（正選手か補欠かなどを含む）順に割り振ります。2000年代以降は本人の意向を取り入れるところが増えているとはいえ、強制的な割り振りである構造は変わりません。

他にも、「進路やキャリアの知識が乏しい高校生に進路選びを任せても話が前に進まないので、教員や親が無理にでも選ぶ方が結果的には前に進む」、という声もあります。

そうした部分があることは私も否定はしません。

ただし、日本が高度成長をしていた時代と現代は明らかに異なり、無理に決めた（または決められた）進路が実は大外れだった、となる可能性は十分にあります。

何よりも、高校生本人が納得しないと、長い人生で「あいつが余計なことを言ったから」と恨み言を言い続けることになりかねません。

○ 夢の副作用

ここまで、進路選択における夢の効用をご紹介しました。一方で、進路選択における夢には副作用も伴います。

現実逃避の手段となってしまうことです。

特定の職業を夢にした高校生はどうするでしょうか?

当然ながら、その夢のために努力します。スポーツ選手を目指すなら体力を付ける、小説家志望なら本をたくさん読む、声優志望なら演技の練習をする、とか。

ところが、そうした努力は地道なものです。地味だし、それができたからすごい、というわけでもありません。

そうしてだんだんと、夢を実現した後の自分を想像するようになります。ヒーローインタビューを受ける自分、歌番組に出演するときのトーク内容、授賞式での挨拶……。

こういうのは、多少は考えないとやっていられない、とも言えます。

しかし、それもはなはだしいと、周囲からすれば痛々しいだけです。[*2]

とある小説家志望の高校生は、小説家になった後の授賞式挨拶だけではなく、どのようなコラムを書くのかなどについてもあれこれ考えていました。

そうしているうちに、彼は小説家になるためのトレーニングを段々とさぼるようになり、「小説家になった後のすごい自分」だけをやたらと夢想するようになりました。

さらに、勉強をさぼるようにもなり、大学受験も見事に失敗しましたとさ。めでたし、めでたし。なんてことはありません。

この小説家志望の高校生とは、他の誰でもない、30年以上前の私です。

あのときに書いていたネタ帳ノートは実家のどこかにあるはずですが、あれを読み返す勇気はちょっとありません。

○ 夢を進路と結びつけるかどうかの8分類

結局、高校生は進路選びにおいて夢を軸に置くべきなのでしょうか、それとも、それ以外の要素で考えた方がいいのでしょうか？

一言で答えるならば、「その人次第」。だけど、それでは本書の意味がありません。

そこで、進路と夢の関連についての8分類を作成しました。

次のページのチャート図を試してみて、自分がどのカテゴリー・選択肢に当てはまるか、考えてみてください。

設問の補足をすると、カテゴリー2の「学外の大会・コンテストなど」とは、インターハイ、国体（国民スポーツ大会）・県体、総文祭などの大会・コンクール、または、志望する職種に関連する大会・コンクール、新聞・テレビなどメディアでの紹介といったものです。要するに、高校の外でも評価されているかどうかを指します。

分類は、大きく4カテゴリーに分かれます。

カテゴリー1は、10代でプロデビューが可能、かつ、若手ほど有利な（加齢による変化がパフォーマンスに影響する）もの。職業でいうと、音楽家やスポーツ選手、声優、俳優、アイドルなどが当てはまります。

カテゴリー2は、10代でプロデビューが可能、かつ、必ずしも若手が有利とは限らない（加齢による変化がパフォーマンスに影響しない）ものです。職業でいうと、小説家やお笑い芸人、飲食店経営者、漫画家、インフルエンサーなどです。

カテゴリー3は、10代でプロデビューはできない／ほとんどいないもの。職業でいうと、アナウンサーや医師、弁護士などです。

カテゴリー1〜4は、それぞれ1－1から3－2まで、7タイプに分かれます。ここにカテゴリー4が入り、全8タイプとなります。

1－1、2－1、3－1に当てはまった人は、夢・やりたいことに沿って進路を選んだ方

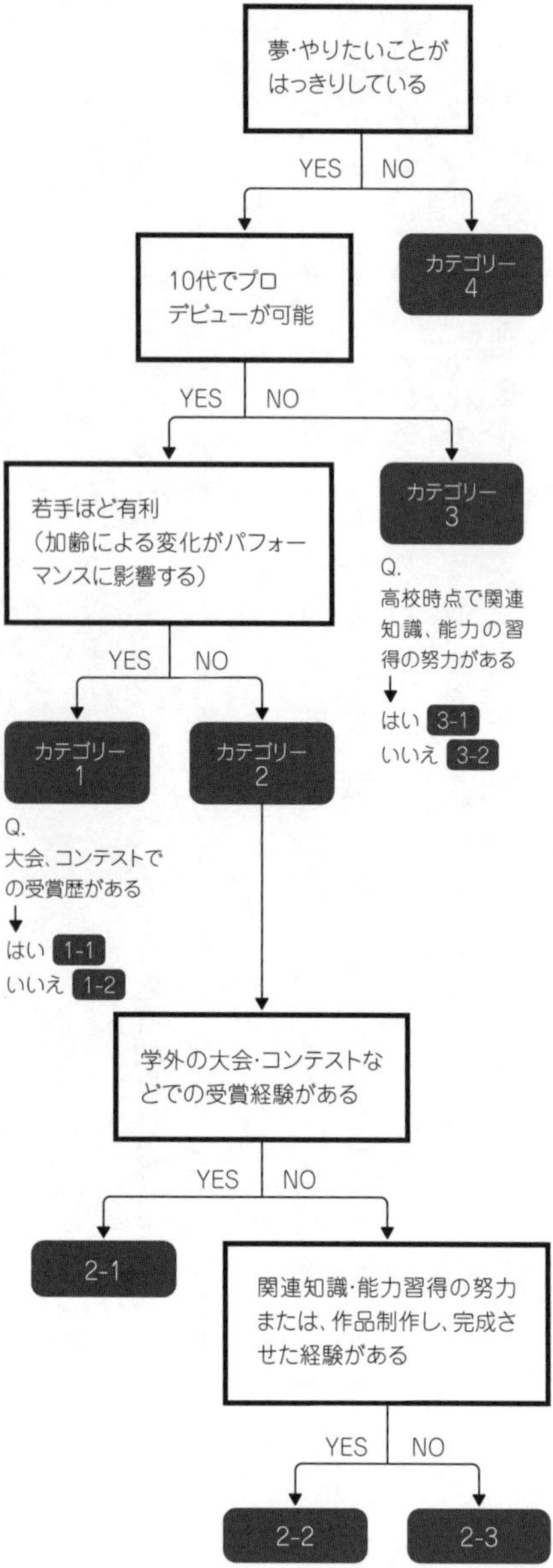
夢・やりたいことがはっきりしている
YES
NO
10代でプロデビューが可能
カテゴリー4
YES
NO
若手ほど有利（加齢による変化がパフォーマンスに影響する）
カテゴリー3
Q.
高校時点で関連知識、能力の習得の努力がある
はい 3-1
いいえ 3-2
YES
NO
カテゴリー1
カテゴリー2
Q.
大会、コンテストでの受賞歴がある
はい 1-1
いいえ 1-2
学外の大会・コンテストなどでの受賞経験がある
YES
NO
2-1
関連知識・能力習得の努力または、作品制作し、完成させた経験がある
YES
NO
2-2
2-3

夢と進路の8分類

が得をします。

2－2に当てはまった人は、大学進学を前提に、半分夢で進路を選んだ方が得をします。

1－2、2－3、3－2、4に当てはまった人は、夢以外の要素で進路を選んだ方が得をします。

以上を踏まえて、ここから各カテゴリーについて詳しく解説しながら、どうして夢・やりたいことで進路を選ぶと得・損をするのか説明していきます。もちろん、「夢以外の要素」とは何かについても解説します。

○家族や高校内の評価は問題外

それでは、カテゴリー1について。具体的には、音楽家、スポーツ選手、声優、俳優、アイドルなどです。

このカテゴリーは、本人の夢・志望もさることながら、才能・実力が大きく影響します。

棋士の藤井《ふじい》聡太《そうた》さんは14歳2カ月という史上最年少でプロデビュー（四段昇格）しました。音楽家のうち、バイオリニストは3～4歳から始める人がほとんどです。スポーツ選手は、競技にかかわらず10代から活躍する選手が多くいます。声優や俳優、アイドルなどはなおさらでしょう。

　このカテゴリーは先述の通り、才能・実力があるかどうか、そしてその才能・実力を学校内外ともに認める人がいるかどうかが重要です。

　よく勘違いされるのですが、親や親せきの「才能ありそう」「向いていそう」などの評価は、ここでは問題外です[*3]。

　落とし穴は、学校の中での評価。

　校内の大会で優勝した、歌が上手いことで有名、美男美女で通っている……。

　これらの評価には、進路選びにおいては大きなリスクが存在します。

　理由は簡単で、親や親せき、高校内の友人や教員はそのほとんどが単なる素人だからです。

素人目の「野球が上手そう」「声優の才能がありそう」などの評価は、その人の素質を判断するにはあまりにも信憑性《しんぴょうせい》が薄いのです。

「地獄への道は善意で舗装されている」とはよく言ったものです。

「評価」において重要なのは、それが「高いレベルの環境の中での高い評価」なのか、「低いレベルの環境の中での高い評価」なのかということです。

　では、本人が高いレベルにあるのかどうか、それを示すのが高校外での評価です。

野球なら甲子園、陸上などであれば国体・県体、文化系部活であれば総文連など。アイドル・声優であれば、大手事務所によるオーディションなども該当します。

こうした高校外での評価は、良くも悪くも評価する人間の思い入れがありません。「本当はちょっとうまい程度だけど褒めておこう」などの善意もありませんし、友人の変なやっかみ、妬みや思い込みもゼロ。

審査員が存在する大会・オーディションであれば、その分野で深い知見を持った専門家が判断を下します。大会以外でも、チームスカウトによる判断も同様です。

こうした専門家からすれば、自分の企業に利益が出るかどうか、チームであれば勝てるかどうかが最優先です。公平公正に判断するからこそ、10代でもプロデビューできる人材が出てきます。

もちろん、完全に公平公正というわけではなく、力関係やコネクションなどが介在するケースもあることは確かです。ただ、そうした点をもって「公平公正ではない、おかしい」と騒いでも生産的ではないことだけは指摘しておきます。

高校外での評価が高いということであれば、その分野でプロデビューしたいという夢は実現する可能性が高いと言えます。

○エヴァ声優「学校に行く時点で無理」

多くの高校生は夢と進路を結び付ける発想（または指導）から「関連の学校に進学すればいい」と考えてしまいます。

そして、それに応えるように、世の中には夢と進路を結び付ける宣伝が溢れています。そりゃそうです。彼らからすれば学生をいかに集めるかが重要です。そのためには、夢について煽った宣伝をしますし、例えば「入学したことでデビューできました」などの話を大きくアピールします。

こうした宣伝を真に受けた大量の高校生たちが、「学校に行けばどうにかなる」と勘違いして、安易に進路を決めてしまうことは少なくありません。

これに対して「学校に行く時点で無理」とばっさり切り捨てているのが、『新世紀エヴァンゲリオン』や『幽☆遊☆白書』、『劇場版 呪術廻戦0』などで活躍している声優の緒方恵美《おがためぐみ》さんです。緒方さんは、あるインタビューでこうコメントしています。

「身もふたもないことを言うと、なりたいという人はほぼなれないです。（中略）結局、そこ（声優の専門学校）に行けば何とかなるんでしょ、と思っている段階でもうダメだと思う。声優に限って言えば、なりたい人がなる仕事ではなく、選ばれた人がなる仕事なんで、っていう話をしています。選ばれた人しかなれないし、『じゃあ、それはどうするんですか？』って（聞かれると）、『あなたが選ばれる人だと思いますか？』と質問を返すわけです。すると、なんか『演技力は自信があります』みたいなことを言う人がよくいます。だけど、『冷静に考えてみてください。あなたから見て声優業界って今、どうですか？』って。

私が言うのも何ですけど、今はなりたい人が死ぬほどいるので、もちろん演技ができるのは前提として、やっぱり容姿も一定以上整っていないとまずい部分はあるし、それ以外に色んな趣味を持っていて何かに打ち込んでいる部分がないとダメだし、年齢が若くても、社会人として人とうまくやっていく才能がないとやっぱり難しいとか。人間力とか容姿、演技力ももちろんですけど、色々なものを兼ね備えて。1学年になりたいという人が数万人いるようですけど、その中の1番とか2番になれる要素がないとなれていないですよね。それが『選ばれる』ということだから」[*4]

専門学校のほとんどが「夢をかなえよう」と宣伝する中、厳しい現実を伝える内容です。声優は「なりたい人がなる仕事ではなく、選ばれた人がなる仕事」。残酷かもしれませんが、これが夢の真実です。

声優に限らず、才能や実力が大きく影響するカテゴリー1の職種について、共通していえることでしょう。

○夢と目標の違い

では、夢を持つことはダメなのでしょうか？

夢を実現したと言えば、メジャーリーガーの大谷《おおたに》翔平《しょうへい》さんです。

2013年にプロ野球の北海道日本ハムファイターズに入団、2017年オフにはメジャーリーグのロサンゼルス・エンゼルスに移籍。さらに2023年オフには、10年総額7億ドル（約1015億円）という巨額契約でロサンゼルス・ドジャースに移籍。

その活躍は、ニュース番組やワイドショーなどでもほぼ毎日のように取り上げられています。

日本人選手としてはほぼ前例のない、投手・野手の二刀流で活躍していることでも有名です。

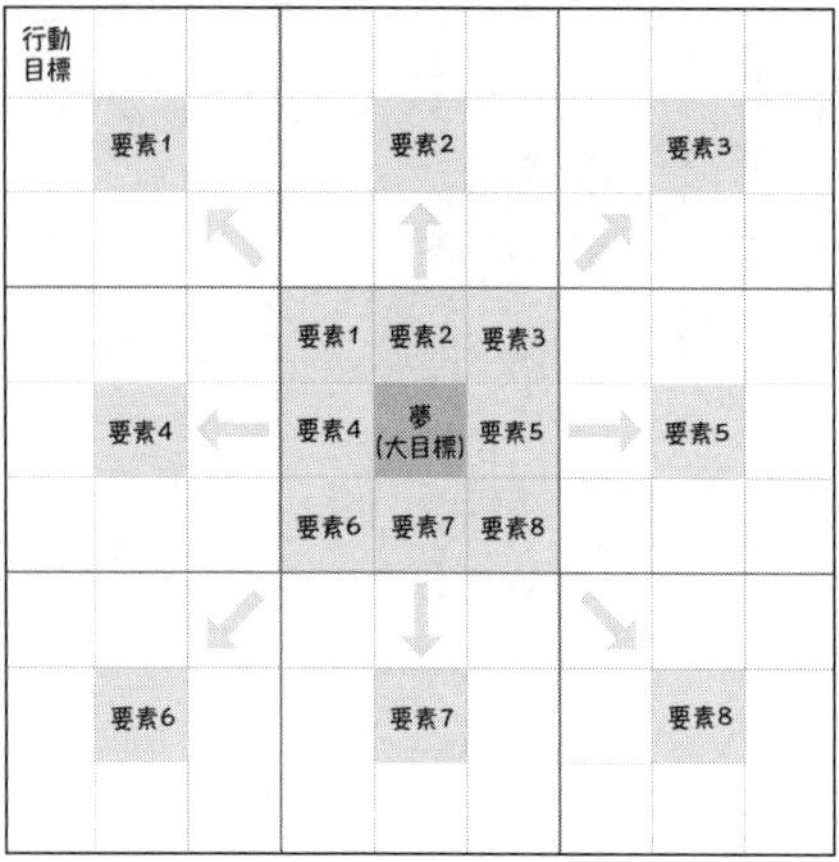

マンダラチャートの書き方

大谷さんは花巻東高校1年生の秋に、マンダラチャートを作成しています。

マンダラチャートでは、中央に夢（大目標）を書き、その周囲8コマには大目標のために必要な要素を書き出します。さらに、必要な要素を得るために必要な行動目標をそれぞれ8コマに埋めていきます。細分化された81コマの行動目標を埋めることができれば、夢（大目標）を達成できるというシートです。

大谷さんは当時、高校の先輩だった菊池《きくち》雄星《ゆうせい》さんを目標にしており、夢（大目標）には「ドラ1　8球団」と書きました。

これは、菊池さんが2009年のドラフト会議で6球団から1位指名を受けてのことです。

この夢（大目標）のために必要な要素として、「体づくり」「コントロール」「キレ」「メンタル」「スピード160㎞／h」「人間性」「運」「変化球」を挙げています。

そのうえで、「体づくり」では「食事　夜7杯朝3杯」、「サプリメントをのむ」など、「運」では「部屋そうじ」「本を読む」などをそれぞれ挙げています。

大谷さんはこのマンダラチャートに挙げた要素をこなしていったからこそ、結果としてプロ野球からもメジャーリーグからも注目される高校生になりました。

○目標の途中変更も

実は、大谷さんはマンダラシートに挙げた「ドラ1　8球団」は達成していません。高校3年生の9月にプロ志望届を出すものの、メジャーリーグ各球団からも注目され、ドラフト会議直前にはメジャーリーグ挑戦を表明します。

そのため、日本のプロ野球各球団はドラフト1位指名をしても辞退されるだけ、と考えて撤退していきます。そんな中、北海道日本ハムは辞退される可能性も理解した上で1位指名を強行、交渉権を獲得します。

交渉にあたり北海道日本ハムは、「大谷翔平君　夢への道しるべ～日本スポーツにおける若年期海外進出の考察～」と題された30ページに及ぶ資料をまとめ、大谷さんに渡しました。この資料の中では、高校卒業後すぐに渡米・メジャーリーグ入りしても活躍できる可能性が低いこと、母国のプロリーグで活躍した方がメジャーリーグでも活躍できることなどが、データを含めて説明されていました。これが大谷さんを動かすことになり、北海道日本ハムに入団することが決まります。

大谷さんが大成していったのは、単に夢を持っていたからではなかったのです。

夢のために必要なことは何か、そのうえで日々できることは何か、考えてきちんと実行していったからこそ、日本人なら誰もが知る野球選手となりました。

野球の強豪校に入る、甲子園に出場する、プロ野球選手になる、メジャーリーグに入る……。1つ1つを夢として掲げる中学生や高校生は日本全国にいくらでもいます。

しかし、これらを単なる夢でなく行動目標とし、その達成のために日々努力を積み重ねることができるかどうかが分かれ道になるのです。

○ 夢の勘違いは社会人も

多くの人はそこまでやりません。酷いときは、夢があるというだけで変に優越感を持ち、夢がない（持てない）人を小ばかにする。このような状態を私は「目標忘れ」と呼んでいます。これではいつまで経っても夢は夢のまま、実現しません。

「目標忘れ」の変化球が「学校任せ」。学校に行きさえすればどうにかしてくれると考えてしまう状態です。

本章の冒頭でご紹介した緒方さんのコメントは、この「学校任せ」がいかに多いかを示しています。

「目標忘れ」「学校任せ」は高校生だけではなく、社会人も陥りがちです。

さかのぼること22年前、私がライターになった直後のことです。業界の基礎知識がないのはまずいと考え、編集者・ライター志望者向けのカルチャースクールに通いました。半年間・

授業は全40回で15万円くらい。受講生は私のようなライター・編集者や印刷会社勤務が2割くらい、残りは出版業界志望の社会人でした。

さて、この講座、私の時は平日クラス・土曜クラスを合わせて1期で200人が定員のところ、ほぼ満席でした。

ところが、数回の講義が終わった時点で2割ほど脱落。その後も脱落者が相次ぎ、半年後の修了式に出てきたのは50人いたかどうか。つまり、約150人は15万円の受講料を払っただけで終わってしまったのです。

担当者に話を聞くと、私の期がとりわけ出来が悪いというわけではなく、毎期とも同じくらいの比率だそうです。

確かに、カルチャースクールと言いつつも毎回課題の提出があり、中には「裁判所に行って裁判を傍聴した上でその感想をまとめよ」なんてものもありました。仕事をしながら課題を提出していくのは、結構大変だったのを今でも覚えています。

ただ、その大変さは事前の説明会などで説明されていることです。いざ始まると、やっぱり大変だからと7割以上が離脱していったのは、「学校任せ」の典型です。

このように、高校生だけでなく社会人でも「目標忘れ」「学校任せ」の状態は起きてしまいますし、それでキャリアと費用を無駄遣いすることになってしまうのです。

○一度は違う進路でも目指せる

カテゴリー2は、基本的にはカテゴリー1と同じですが、大きな違いは「加齢による変化がパフォーマンスに影響しにくいこと」、年齢制限の有無です。

カテゴリー1の職種とした声優には、23歳で一定ランクにならないと退所させる養成所があります。そうでないところでも、20代前半を超えて声優としての活動を続けられるプロはごく少数です。

棋士だと、登竜門となる新進棋士奨励会では、満21歳の誕生日までに初段、満26歳の誕生日を迎える年の三段リーグ終了までに四段に昇段できなかった者は、強制退会となります。

プロ野球もドラフト指名されるのは高校生か大学生が中心。指名されても成績が悪ければ数年で戦力外通告を受けます。そして、体力の衰えとともに成績は降下、30代前半から引退者が増えていきます。

一方、漫画家はどうでしょうか。

10代でデビューした方は下の表のように多くいます。

1993年に刊行された『少女マンガ家ぐらし』(岩波書店)には、かつて(刊行時期を考えると1970～1980年代)は、中学生でもデビューする事例があったとの記載

小畑健(17歳)	『ヒカルの碁』『DEATH NOTE』
矢沢あい(18歳)	『ご近所物語』『NANA』
きたがわ翔(13歳)	『B.B.フィッシュ』『ホットマン』
安野モヨコ(18歳)	『ハッピー・マニア』『働きマン』
末次由紀(高校1年生)	『エデンの花』『ちはやふる』

10代でデビューした漫画家

があります。著者である北原菜里子《きたはらなりこ》さん自身も、高校生でデビューしています。[*5]

ただし、声優などと異なり、漫画家にデビュー年齢の制限はありません。作品が面白ければ10代だろうと60代だろうと、デビューすることができます。

2020年、小学館「ビッグコミックスペリオール」の第5回ヤングスペリオール新人賞を受賞したハン角斉《かくさい》さんは、当時64歳でした。

これは極端な例ですが、デビューが20代後半から40代だった漫画家は他にもいます。下の表からも分かるように、デビューが早くても、遅咲きでも、同じく活躍しています。

このように、10代でデビューしなければならない、あるいは、関連の学校への進学を必須としないのは漫画家に限らず、小説家や飲食店経営者などでも同様です。

特に飲食店経営者で、会社員や公務員などを経て中高年になってから開業した、という事例は日本全国、いくらでもあります。

遅咲きでも参入できるということは、10代で挫折してもリベンジする機会があることを意味します。違う仕事をしながらリベンジのために技術を磨く、知識を蓄えるなどしていけば、遅咲きでのデビューの可能性はあります。

カテゴリー2では、カテゴリー1と同様、大会・コンテストなどで入賞実績があ

三田紀房（30歳）	『ドラゴン桜』『エンゼルバンク』
青木雄二（45歳）	『ナニワ金融道』
池田邦彦（43歳）	『カレチ』
篠原健太（31歳）	『SKET DANCE』
モンキー・パンチ（29歳）	『ルパン三世』

遅咲きだった漫画家

るならば夢で進路を選ぶと得、なければ夢以外の要素で進路を選んだ方が得になります。

さらに、カテゴリー2の選択肢としては「関連知識・能力習得の努力または、作品制作し、完成させた経験がある」があります。

○高校生で1000冊以上の乱読で小説家に

漫画家や小説家、飲食店経営者などの場合、前記のように遅咲きの事例はいくらでもあります。

そのため、10代の時点でうまく行っていない場合、カテゴリー1の声優や野球選手などのように「才能・実力も体力もないから諦めなさい」と断じることは、実は難しいものがあります。

ただし、このカテゴリー2について、高校時点ではっきりした実績がなくても、その後に夢を実現させられるかどうかを示す目安があります。

それが「関連知識・能力の習得の努力あり（と周囲が認定）」と「作品作成などに挑戦した経験あり」の2条件です。

後者については、小説や漫画など、ある程度のボリュームの作品を完成までこぎつけたかどうか、これが重要です。なお、条件面にも記載の通り、その作品がコンテスト等に出展して落選した、高校教員や家族・友人などからの評価が高くなかった、などでも問題ありません。要するに、作品を完成までこぎつけたかどうかという経験の方が重要です。

ハードボイルド小説で有名な大沢《おおさわ》在昌《ありまさ》さんが書かれた『小説講座 売れる作家の全技術 デビューだけで満足してはいけない』（KADOKAWA）は、大沢さんが1年間、小説家志望の社会人12人に対して売れる小説作りを解説、その内容をまとめた本です。

同書は小説家志望だけでなく漫画家志望の方にも、ストーリー作りを学ぶという点でおすすめできる良著です。

さて、大沢さんは同書で基礎知識の重要性を伝えています。

> ミステリーを書こうとする人には、基礎知識が絶対に必要です。「本格推理小説」でも「ハードボイルド」でも、古今東西の名作、古典は一通り読んでいなければならないし、本格推理にはトリックの知識、警察小説には警察の知識が必要です。[*6]

そのうえで、大沢さんは「最低でも一〇〇〇冊ぐらいは読んでいないと、ミステリーの賞に応募することはできない」としています。なお、大沢さんの中高校生時代はどうだったか。これも同書に明記されています。

中学二年生から三年にかけて一二〇枚の作品を仕上げたのが最初で、高校在学中に一〇〇〇枚は書いたのかな。

同じく大沢さんの『かくカク遊ブ、書く遊ぶ』（KADOKAWA）では、高校2年生から市立図書館に毎日通い、棚の端から分野を問わず1回3冊を借りて読み翌日返却する乱読を繰り返した、とも明かしています。

高校時代の大沢さんは、多くの小説志望の高校生読者と同様、単なる「小説家を目指しているけど実績も何もない高校生」でした。それでも、小説を1000枚書いて、本はジャンルを問わず、少なくとも1000冊以上読んでいます。

これだけの準備をしていたからこそ、大沢さんは23歳で小説家としてデビューすることができました。

○ 失敗でも作品を完成させたかどうかが分かれ道

小説1000枚・本1000冊という数字はともかく、小説家を含むカテゴリー2の職種を目指すなら、作品を完成させるところまでこぎつけた経験があるかどうかというのは大きなポイントです。

このカテゴリー2に該当する職種を目指す高校生読者の方はいかがでしょうか？

私がこれまで接してきた高校生のうち、半数以上は「作品を完成させるところまでこぎつける」という条件に該当しません。

「普段の勉強が忙しくて、なかなか書く（描く）時間が取れない」

「部活が忙しくて」

「親がうるさくて」

みなさん色々な理由を挙げますが、はっきり言って「だから何だ」という話です。作品に向き合う時間をどう作るかは本人の問題です。高校生の時点で確保できないということであれば、ほぼ間違いなく、大学に進学しても社会人になっても、その時間は作れません。

それは小説でも漫画でも「ちょっと好き」という程度です。それでプロを目指しても、失敗する可能性が高いでしょう。それならば、他の要素で進路を選ぶことをおすすめします。

繰り返しますが、問題は「関連知識・能力の習得の努力あり（と周囲が認定）」「作品などを完成させた経験あり」の2条件を満たせるかどうかです。

後者については、その作品が低評価だったとしても大丈夫です。読者の方からすれば意外かもしれませんが、作品を完成させるところまでできたかどうか、ここが大きなターニングポイントです。

「ちょっと好き」程度であれば、作品を完成させるところまで行きつかずに終わります。作品を完成させるところまで行った高校生は、高校生の時点でその作品がいくら低評価だったとしても、その先、どう変わるかは分かりません。

作品を完成させたのであれば、それは石を掘り出した状態であることを意味します。そのために時間と労力を使ったことを意味します。

掘り出した石が単なる石ころだったのか、それとも宝石の原石だったのか。それは本人の努力次第でいくらでも変わります。

一方、作品を完成させるところまでいかなかった高校生はどうでしょうか。こちらは、石を掘り出すところまでも行きついていません。

石がないのに、それが宝石の原石かどうかを論じること自体意味がありません。それは単なる絵空事・空想のたぐいだからです。

失敗作でもいいので作品を完成させるとどうなるでしょうか。

その失敗作を、次の作品に生かすことができます。もしくは、その分野に見切りをつけて別の進路を考えるきっかけにもなります。

2024年現在、本書で私の著作は34冊目となります。出版業界では大御所とまでは言いませんが、若手と言うほどでもない、ベテラン～中堅クラスのポジションにいます。

その私が高校1年生のとき、小説を書きあげました。中学生頃から本が好き、ということもあり小説家を目指していたからです。枚数は確か40枚程度、4カ月くらいで書きました。中身はうろ覚えですが、唯一覚えているのは、読んでもらった高校教員から「何が言いたいかよく分からない」「意味不明」など酷評されたことです。あのときの先生、読んでいますか？ 30年経過した今でも恨み骨髄ですよ……、とまでは言いませんが、今でもよく覚えています。

「そんな恥ずかしいこと、よくできましたね」と思うかもしれません。本当におっしゃる通りで、「こんなくだらないもの書いている暇があれば勉強しろ」とも怒られた気がします。お恥ずかしい。

ただ、この小説と酷評で「世の中、書いたものが褒められることもあれば酷評されることもあるのだ」という、当たり前だけれど見逃しがちなことを実感した点は大きな収穫でした。

その後、高校生の私は小説には見切りをつけて、エッセイ・コラムをやたらと書いてはコンテストに応募します。10回くらい応募し、ことごとく落選。

そんな中、小学館による週刊誌・マンガ雑誌合同での読者体験記者に応募したところ当選。正確にはコンテストではないのですが、この当選で、スペイン・マジョルカ島で帆船航海に参加という貴重な経験を得ることができました。その後、大学受験が近づいたこともあり、エッセイやコラムを書くのは10年近く中断したものの、小説への酷評から巡り巡ってジャーナリストを22年間続けられるのですから、人生とは不思議なものです。

○無関係でも後でつながるキャリア

カテゴリー3は「10代プロデビューがほぼいない職種」です。

具体的には、アナウンサーを含むメディア業界、弁護士、医師などが該当します。

このカテゴリー3の職種は、10代デビューがほぼ不在、もっと言えば、大学進学が前提となります。そして、結果的には難関大学が中心となりやすい傾向があります。これは大学名差別の問題ではなく、広い教養が求められるからです。

大きな特徴は、中学・高校時代に能力を測る大会・コンテストがほとんどないことです。

厳密には、アナウンサーやテレビ局志望者だと、全国高文連（全国高等学校文化連盟）の総文祭やNHK杯全国高校放送コンテストなどがあります。

ただ、こうした大会・コンクールで好成績を収めたとしても、すぐにデビューできるわけではありません。上位に入るとすぐデビューできる可能性のある声優や漫画家、小説家などとは明らかに違います。

さらに、就業する直前の経歴はともかく、そこに至るまでの途中経過はカテゴリー1・2の職種よりも千差万別です。

例えば、医者なら医学部卒業、医師国家試験の合格が必須です。しかし、その医学部の前は、全員が中高一貫校からの現役合格者ではありません。地方の進学校出身者もいますし、多浪経験者もいれば社会人経験者もいます。[*7]弁護士などの法曹職は「法学部から法科大学院進学」が主流ルートではあるものの、法学部以外から法科大学院に入学、法学部から独学（司法試験予備試験）、他の職業から転職など、さらにバラバラです。

実はアナウンサーも同じです。多くの高校生は「メディア系学部出身が多そう」と思うかもしれませんが、実際は、そこまで多いわけではありません。[*8]中・高校生から芸能活動を始めており、そこからアナウンサーになったケースや、中・高校時代は芸能活動どころか、放送部以外の部活動や留学中だった、それでもアナウンサーになったケースもあります。

［中・高校生から芸能活動↓アナウンサーに就職した例］

岩田絵里奈：「岡崎歩美」としてタレント活動↓慶應義塾大学文学部↓日本テレビ放送網
紺野あさ美：「モーニング娘。」5期生↓慶應義塾大学環境情報学部↓テレビ東京／フリーアナウンサー
柴田阿弥：「SKE48」4期生↓金城学院大学生活環境学部↓フリーアナウンサー
市來玲奈：ダンサー・「乃木坂46」1期生↓早稲田大学文学部↓日本テレビ放送網

右記に挙げた方だけでなく、アナウンサーの方のキャリアはとても多様で、芸能活動や放送部でなくても、高校時代の経験はアナウンサー就職につながっています。実際のアナウンサーの方々のコメントを紹介します。

「高校、大学時代の七年間、父の店でアルバイトとして働きました。当時の経験はアナウンサーの仕事にすごく役に立っています。ガソリンスタンドを訪れる老若男女のお客さんとしゃべるのはコミュニケーションの勉強になりました。『いらっしゃいませ』と大きな声を出すので、自然と発声練習もやっていたのかなと」[*9]（石井亮次）

「アナウンサーになる夢を抱いたのは、中学2年生の時。（中略）『人見知りで、田舎育ちの自分も、努力次第で活躍できるかも』と思い描くように。『東京の大学へ行くには、中学から勉強を頑張り、高校は進学校に入る』と逆算して長期計画を立てた。（中略）『指定校推薦がある早稲田大なら、何校もの受験料がかからず、許してもらえる』。高1の1学期から成績、生活態度に気をつけながら、国公立受験の準備も進めた。サッカー部のマネジャーとして、冬は雪が積もった氷点下のグラウンドでボール拾いなどをして、帰宅時にはくたくただった。でも、文武両道で頑張る友達に負けたくない。休み時間やバス通学時の15分など、隙間時間も効率的に使って、勉強する努力を重ねた[*10]」（滝菜月）

「引退する高校2年の夏まで、僕の青春に彩りを与えてくれたのが、生物部での活動です。入部してまず驚いたのは〝体育会系〟だったこと。毎年、夏の合宿で3000メートル級の自然豊かな高山で野外調査をするのが恒例です。10日分の食糧やテントなどで20キロにもなる装備を各自が背負って登らなくてはなりません。筋トレと走り込みを繰り返し、『このトレーニングがムシの観察につながるんだ』と無心で体を鍛えました。[*11]」（桝太一）

○大学受験も必要に

このカテゴリー3に該当する職種の多くは、結果的には難関大進学が必要となる点もポイントです。

医師であれば医学部進学が必要であり、国公立・私立とも文系学部よりハードルは高いものがあります。

弁護士など法曹職であれば法学部や法科大学院から司法試験合格を目指していくことになります。こちらも、結果的には難関大出身者が多数を占めています。

アナウンサーも同様で、先に挙げた例は芸能活動ルートであれ、芸能・放送部以外のルートであれ、結果的には東大や早慶など難関大が多数です。

高学歴というだけでなく、本人が優秀であったことは就活の結果でも出ており、辛坊治郎《しんぼうじろう》さんは埼玉県庁の上級試験に合格し、住友商事から内定。フジテレビのアナウンサー試験は、交通費1000円を貰えるという理由で受けたところ最終面接で不採用に。ところが、最終落ちを聞きつけた讀賣テレビ放送からも連絡があり、こちらが内定[*12]。

難関大に行かなければカテゴリー3の職種に就職できないかと言えば、そんなことはありません。

ただ、難関大に進学できる学力を持っていることに加え、何かの長所・特徴があって、大学進学後（または就職後）に自らそれらを伸ばしていった人ばかりです。

カテゴリー3の場合、「関連知識・能力の習得」とはカテゴリー1・2のような直接的なものだけでなく、一見その職業には無関係そうに見えるもの、あるいは学力・大学受験も含むことになります。

そのための努力を高校時代にきちんとできるかどうか、そこが分かれ道となるでしょう。

○「夢なしですが何か？」で十分

夢と進路の8分類、最後はカテゴリー4（夢が不明、または、複数）を解説します。

おそらくは、高校生の半数以上がこのカテゴリー4に該当することでしょう。まず最初に強調しておきたいのは、「夢がない人が、夢がはっきりしている人に比べて劣っているわけでも何でもない」という点です。

同じく、「夢が複数ある人は、夢がはっきりしている人に比べて浮ついているわけでも何でもない」こともまた、強調しておきます。

「夢＝進路」説を取る社会人は、夢がない人に対して「進路を決めろ」、夢が複数ある人に対して「浮つくな。どれか1つに決めろ」と叱ることがよくあります。

これは、正しい部分もある反面、全体としては夢を一面的にとらえ過ぎているところから来る、いわば暴走です。

夢がない（または複数ある）高校生からすればいい迷惑なのですが、良くも悪くも受け流すしかありません。内心で「夢なしで何が悪い」くらい思っておけば十分です。

なお、そういう人たちの前で下手に内心を話すとものすごく面倒なことになるので、やめておきましょう。

○無しでは困るが欲張られても困る高校のホンネ

高校の進路指導担当からすれば、「やりたいことはありません」では困りますし、力の入れ方も変わってきます。かといって、やってみたいことが複数あるというのも、これはこれで困ってしまいます。

仮にその教員が容認したとしても、他の教員や校長・教頭などから、「この生徒はやりたいことが複数あると言っているが、ちゃんと進路指導をしているのか」と言われかねないからです。よほどその夢（=進路）が実現しそうなら、そして、その高校生にその能力がありそうなら話は別です。

1つの理由として、そもそも日本人は二刀流・三刀流に否定的ということが挙げられます。

あの大谷翔平さんですらプロ入りしたとき、二刀流挑戦の表明に対して当初から賛成を示していたのは、落合博満《おちあいひろみつ》さん、松井秀喜《まついひでき》さんなど、一部の少数のみでした。多くのプロ野球OBは、二刀流挑戦に最初から否定的だったのです。

また、高校生が複数の夢を持つ場合、多くは進路についてきちんと調べていない「浮ついている」状態だからです。これは高校生だけでなく、下は中学生、上は大学生でも同じです。

私が大学生のとき、1年生のゼミで同級生の1人が将来のキャリアについて、こんな発言をしていました。

「将来は行政書士と社会保険労務士の資格を取りたい」

実現したら凄いのですが、どうも関連の勉強は一切やっていません。ゼミの講評では教員も「うーん、やってみるのもいいけど、絞った方がいいんじゃない?」と否定的なコメントでした。なお、その後彼は行政書士・社会保険労務士、どちらも勉強すらせず就職しました。

行政書士・社会保険労務士とも勉強時間は600~1000時間程度と言われています。法学部で大学1年次から勉強を始めていれば、まだ実現していたかもしれません。

しかし、社会学部で勉強どころか、どんな資格かも調べていない時点で、土台無理な話でした。

かと言って、この同級生が、とりわけ劣っていたわけではありません。多くの大学生（または高校生）と同様に、進路への向き合い方が成長途上にあっただけなのです。

この同級生は、「どうも行政書士や社会保険労務士などの資格を取っておけば就職に有利らしい」という発想を出発点に「細かいことは後で調べるとして、まずは両方目指すということにしておこう」で止まってしまいました。

同じ二刀流でも、大谷さんは前記のように、高校段階でマンダラチャートを作成し、そのための準備を進めていました。

多くの高校生の「複数やってみたいことがある」は、大谷さんのような高いレベルではなく、私の同級生と大差ない、いうなれば「浮ついた」状態です。

と、ここまで、やってみたいことが複数ある高校生からすれば、「先生と同じ話だ」と失望したかもしれません。

「やってみたいことが複数」という高校生は、それがどこまで実現可能なのか、現在の自分がある程度高いレベルにいて、目指せそうなのか、それとも、そこまで高くないレベルにいるのか、両方を目指すなら何が必要で、自分にできそうなのか、その見極めが必要です。

たとえ低いレベルだったとしても、その内容によっては大学進学で達成することは十分に可能です。それはまた、大学進学のパートでご説明します。

○ 進路未定なら先延ばしで十分

いよいよ、本題の「進路未定の高校生の進路選択」について、解説していきます。「進路と夢の8分類」、やってみていかがだったでしょうか？　面倒でも、ひとまずはやってみてください。

やってみた方で進路未定という方は、カテゴリー1〜3のうち、「1－2」「2－3」「3－2」に該当したか、あるいはカテゴリー4に該当した方がほとんどのはずです。

つまり、専門性の高い職種・業界に関心はあっても、本気で目指す人に比べればそこまでの知識・技量がなく、知識・技量を得るための熱意もそこまで持つことができていない。

高校生の段階では、未完成で進路もはっきりしないことはよくある話です。

スタジオジブリ映画『耳をすませば』では主人公の雫《しずく》が、同じ部屋に住んでいる大学生の姉に進路について質問するシーンがあります。*13

雫「お姉ちゃん、進路っていつ決めた？」
姉「ええっ？」
雫「し・ん・ろ」

姉「あんた、杉の宮(高校)受けるんでしょう」
雫「そうじゃなくって」
姉「それ(進路)を探すために大学へ行っているの」
雫「ふーん」

同作品の公開は1995年、多くの学生が就活で苦戦した、就職氷河期でした。主人公の姉は「進路を探すために大学へ行っているの」という程度で果たして就職できたのでしょうか?

もちろん、映画でその後については描かれていません。

ただし、確率的にはきちんと就職できた可能性が高いです。「夢=進路」という指導を受けている高校生からすれば意外なことでしょう。

次のページのグラフは、大学卒業者の就職率の経年変化です。*14

作品公開時の1995年は67・1%で、バブル期(1980年代)からは13ポイント落ちていました。その後、2003年に過去最低(55・1%)を記録し、2010年代から上昇。コロナ禍でも微減にとどまり、結果的には2015年から9年連続で70%台と高い水準(売り手市場)を保っています。

この状況は、２０２４年現在の高校生読者の方が卒業しても、戦争や天災で大ダメージを受けない限り、同じ水準だろうと言われています。

　作品公開時から現在に至るまで、大学進学者の大半は雫の姉と同じく「それ（進路）を探すために大学に行っているの」状態でしょう。

　もしもそれが、進路が決まっている高校生に比べて劣っているということであれば、就職率はもっと低い水準のはずです。

　実際には、就職氷河期であっても就職できた確率が高く、まして２０１０年代半ば以降の売り手市場では、その確率はより高くなりました。

「進路は決まっていない＝ダメ」はあくまでも指導上の都合であることが多く、「進路は決まっていない＝ダメ＝進路が決まっている高校生に比べて劣っている」という図式は全く当てはまらないことを、専門家として断言しておき

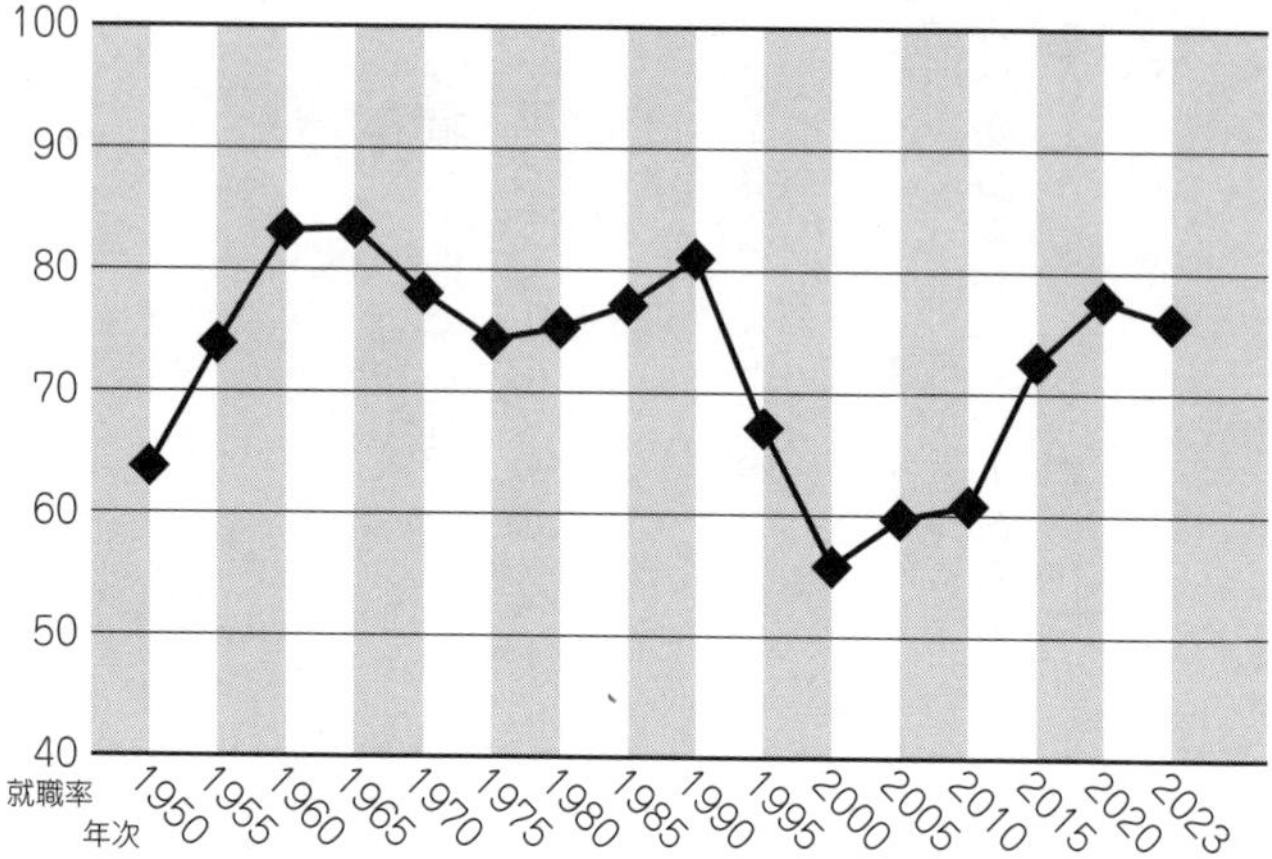

卒業者に占める就職者の割合
出典：文部科学省「学校基本調査／卒業者に占める就職者の割合」

ます。

○「なにかを諦めるのも悪くないですよ」

進路と夢を題材にした漫画、『夢なし先生の進路指導』（小学館）は、高校生の夢を否定的に見る進路指導教員、通称「夢なし先生」が主人公です。

これだけなら、「生徒の夢を否定する嫌なヤツ」なのですが、実は生徒のことをきちんと考えている情報通です。しかも、夢に挫折した卒業後の元生徒ともきちんと向き合う、というところがこの漫画の読ませどころです。

「声優編」で彼は挫折に打ちひしがれる元生徒にこう語りかけます。

「諦めるという言葉の語源は、明らかにする、だそうです。明らかにしてよく見極めるという意味で、本来はポジティブな言葉でしたが、それがいつしか断念するなどのネガティブな意味で使われるようになった。私は自分の実力や状況を見極めて、自分の道を明らかにしました」

「なにかを諦めるのも悪くないですよ*16」

これも進路・キャリアのあり方の一つです。

夢を目指してそのまま実現していくのも人生です。

夢を目指して途中で変わっていくのも人生です。

どちらが正解、どちらが不正解、ではありません。

どちらも正解であり、色々なパターンがあることを忘れないでください。

◯ 進路未定でも高校卒業後に変わる

高校生の段階で進路が未定でも、高校卒業後に変わっていきますし、その変わっていくパターンも色々です。

主なものでは、①周囲に才能・実力を認められて想定外の職種に就職、②大学在学中の気付きから志望職種を変更、③社会の変化で志望職種を変更の3つです。

まずは、1つ目の「周囲に才能・実力を認められて想定外の職種に就職」。

カテゴリー3でご紹介したアナウンサーの例が分かりやすく、最初はアナウンサーを目指していなかった人がアナウンサーになった、ということは珍しくありません。


「人生で一度きりなので様々な可能性を広げようとアナウンサー試験も受けました」[*16]（弘

中綾香）

「私、中学校と高校の国語科の教員を目指していたんですよ。（中略）これは教職無理だなって思いまして…学校の先生って1対40とか、1対30くらいで説明するんですけど、マスコミュニケーションも1対多数っていう説明の仕方で、変わらないんだなってことに気付いて。放送局も就職の範疇に入れてやってみようかなって思いました」[*17]（安住紳一郎）

「大学時代、芽が出ない状況を打破しようと米国留学した。周りの人たちに日本や自分のことを伝えるうちに『芝居でなくても、伝えることが好き』な自分に気付いた。帰国後の就職活動で各局のアナウンサーを志望して全敗したものの、タレントやキャスターのオーディションを受け、仕事が順調に入りだした」[*18]（ホラン千秋）

アナウンサー以外でも、周囲が才能・実力を評価する、というのはよくある話です。

元総理大臣の鈴木《すずき》善幸《ぜんこう》は、日本社会党に籍を置いた歴代総理大臣3人のうちの1人です。戦後の総選挙で日本社会党から立候補し当選。その後、社会革新党に移籍し、台風被害を受けた地元・岩手県の復興のために奔走します。しかし、社会革新党は小政党であり、成果を残せません。鈴木氏は現実に幻滅し、不出馬を決めます。

ところが、支持者の一部や、地元の市長らは「復旧のためには鈴木を自由党（現・自由民主党）から出馬させよう」と、立候補届を済ませてしまいました。

その後、鈴木氏は自由党で当選を重ね、1980年、総理大臣に就任したのです。[*19]

パターンの2つ目、「大学在学中の気付きから志望職種を変更」は、ロバートの元ストーカーとして紹介された動画で有名になった、名古屋テレビ（メ～テレ）ディレクターの篠田《しのだ》直哉《なおや》さんを例に解説します。

小学5年生のときに、お笑いトリオ・ロバートのDVDを見てファンになった篠田さんは、以降、ロバートのライブに参加、ひたすらメモを取ります。その様子からロバートの秋山竜次《あきやまりゅうじ》さんに「メモ少年」と命名された篠田さんは、その後もひたすらにメモを取り続けます。

秋山さんから「マネージャーになって欲しい」と言われて、ロバート所属の吉本興業への入社を考え、法政大学に進学。大学祭実行委員会に入り、大学2年生のときにはお笑い企画の責任者として、ロバート1組だけでライブを企画します。通常、大学祭のお笑い企画は数組を呼ぶのが通例なので、1組だけというのはかなり異例でしたが、3000人近くが集まり、大成功を収めました。

ここまで、吉本興業への就職を目指してきた篠田さんですが、その後、方向を転換します。

きっかけは、ロバートの秋山さん、山本博《やまもとひろし》さんからのアドバイスでした。

秋山　「お前の人生だから、どんな道を選んでもお前に任せるよ。テレビ局がダメでも、制作会社に入るパターンもあるし。もちろん、この業界を選ばなくてもいいんだ。でも吉本に入ったからといって、お前のやりたい仕事がやれるとは限らない。そこは考えた方がいい」

山本　「マネージャーになっても、3カ月で担当が変わるような世界だからね。他の芸人さんとも仕事しなきゃだから『ロバートが好き』だけではやっていけないよ[20]」

ロバートが所属する吉本興業はマネージャー1人で複数人（組）を担当するのが当たり前で、頻繁に交代することで知られています。

篠田さんはロバートのアドバイスを受け方向転換、テレビ局を中心に就活を進めます。結果、名古屋テレビに内定し入社します。

2023年には開局60周年番組として、秋山さん一人が歌う「秋山歌謡祭」で総合演出・プロデュースを担当。関連動画と合わせ、再生回数が3000万回まで伸びるなど大ヒットとなり、2024年には「秋山歌謡祭2024」も放送されました。

篠田さんは方向転換をしたことによって、結果的に「ロバートと仕事がしたい」という夢を実現したのです。

3つ目の「社会の変化で志望職種を変更」も、実はよくある話です。

歴史の教科書を開けば、産業革命やゴールドラッシュ、明治時代の殖産興業や昭和の高度成長期など、社会が大きく変化した出来事がたくさんあります。例に挙げたものはいずれも、「そこに行って仕事をすれば飯が食える（儲かっていい生活ができる）」状態だったものたちです。

当然ながらその逆、社会の変化で目指していた職種では飯が食えない、職種がなくなるということもあり得ます。

そんな社会の変化でキャリアを変えていく様子が描かれた作品が、漫画『カレチ』（講談社）です。1960年代～1970年代の長距離列車の車掌（カレチ）を主人公にしており、鉄道員の働き方や心情がよく分かります。

4巻第31話「車掌登用試験」では、夢のあり方がよく示されています。

主人公の後輩鉄道員・村上君は、荷物列車に荷扱係として乗務しながら荷物列車車掌（ニレチ）を目指していました。

ところが時代は国鉄の合理化が進んでおり、ニレチの登用も見送られていました。いずれニレチがなくなることを知った村上君は途端にやる気をなくし、国鉄を辞めて「どっか好きな仕事やらせてくれる会社に移ろっかな」と嘆きます。

そんな村上君を、主人公はこう諭します。


「じゃあ聞くけど移った先でまた同じ事が起きたらどうするんだい？　君の好きな仕事ができなくなったらだよ。また辞めてどこかへ移るのかい？」

「実際の仕事と好き嫌いは無関係だと思うな。なぜなら好き嫌いを言えるのは……お金を払うお客さんの立場からのみであって仕事をする側はそれに応える立場なんだもの……。そこに好きも嫌いもないだろう？」[*21]

さらに、悩む村上君に対して、生命保険会社の外交員として再就職をした元ベテランのニレチがこう語り掛けます。


「好きな仕事をやれる方法を教えてやろうか？　与えられた仕事を好きになれ」

「私の定年後は外交員。縁もゆかりもなかった世界だが……これが私に与えられた仕事だからな」

○進路未定なら大学進学を中心に

さて、高校以前は進路未定だった人が高校卒業後に変わっていく3パターンをここまで解説してきました。

すでにお気付きの方もいると思いますが、これらのパターンは重複しているケースが非常に多いです。

そしてもう1点、進路決定において大切なのは、高校生本人の自己評価です。

海外に比べて、日本の10代・20代の自己評価は低いことは各調査で表れています。

下の表をご覧ください。日本財団による意識調査では、「自身の将来や目標について」の項目で、「将来の夢を持っている」「自分の将来が楽しみである」などの7項目で全て最下位となりました。

経済成長率が日本よりも高いインドや中国で、肯定的評価が増えるのは理解できます。

しかし、経済や社会情勢が順調とは言いがたい韓国よりも

	将来の夢を持っている	自分の将来が楽しみである	社会が今度どのように変化するか楽しみである	多少のリスクが伴っても、新しいことに沢山挑戦したい	多少のリスクが伴っても、高い目標を達成したい	リスクのある挑戦よりも、経済的な安定を重視する	リスクのある挑戦よりも、心理的安定を重視する
日本	59.6（6位）	57.8（6位）	54.0（6位）	49.0（6位）	44.9（6位）	70.4（6位）	68.3（6位）
アメリカ	82.1	79	75.6	77	79.2	76.5	74.5
イギリス	78.3	75.7	71.1	78.1	81.4	72.6	71.7（1位）
中国	84.7	86.9	85.6	79.8	78.8	78.7（1位）	78.1
韓国	81.5	77.6	72.3	68.6	67.2	76.6	76.7
インド	93.3（1位）	90.6（1位）	88.5（1位）	84.4（1位）	87.6（1位）	74.2	75.9

自身の将来や目標について
出典：日本財団「18歳意識調査『第46回－国や社会に対する意識（6カ国調査）－』報告書」

下ですし、そもそもアメリカ・イギリスにしろ、インド・中国にしろ、社会に課題を抱えているのはどこも同じです。にもかかわらず、日本だけ突出して低く出ています。これは、2022年の調査だけでなく昔からほぼ同じです。

この自己評価の低さは、当然ながら進路選択にも大きく影響します。

ところが実際は、自己肯定感の低かった高校生がそのまま、自己肯定感の低い大人となり、暗い社会となった、わけではありません。高校時代に自己肯定感が低くても、結果的には高校卒業後に変わったという人が多くいます。

では、進路未定の高校生はどんな進路を選択すればいいのでしょうか。

私は大学進学をおすすめします。

という話をすると、「やりたいことがはっきりしないのに大学に行って大丈夫か」、「いや、うちは学費がしんどいから大学進学は無理」と心配したり諦めたりする人も少なくないでしょう。

私は夢も金もない高校生こそ、大学に進学するべき、と考えます。

そして、就職についても学費についても、どうとでもなると専門家として断言できます。

では、進路未定の高校生が大学進学をした後、なぜ、就職できるのか。それについては次の章で、学費・奨学金などお金の問題は第3章で、それぞれ解説します。

夢なし先生の進路指導

（笠原真樹、小学館ビッグコミックス、2024年7月現在3巻まで刊行）

夢を否定的に見る進路指導教員が主人公のマンガ。1巻は声優編と鉄道運転士編、1巻終盤から2巻と3巻までがメンズアイドル編。それぞれのエピソードで高校生が目指す姿だけでなく、卒業後に挫折した姿、その後も描く良作。「何かを諦めるのも悪くないですよ」というセリフが随所に出てくるがその通り。

コミュ障は治らなくても大丈夫 コミックエッセイでわかるマイナスからの会話力

（吉田尚記・水谷緑、KADOKAWA、2016年）

ニッポン放送アナウンサー・吉田氏の経験談を元にしたコミックエッセイ。タイトルで相当、損をしているが、コミュニケーションを簡単に学べる良作。ラジオ局のアナウンサーでも若手時代は言葉に詰まる、インタビューがうまく行かないなど、そこからどう変わっていったか、読者も学べる部分は多い。アナウンサーの著作は他にも『超ファシリテーション力』（平石直之、アスコム、2021年）、『ゴゴスマ石井の　なぜか得する話し方　誰からも好かれる会話のコツ』（石井亮次、ダイヤモンド社、2022年）などもおすすめ。

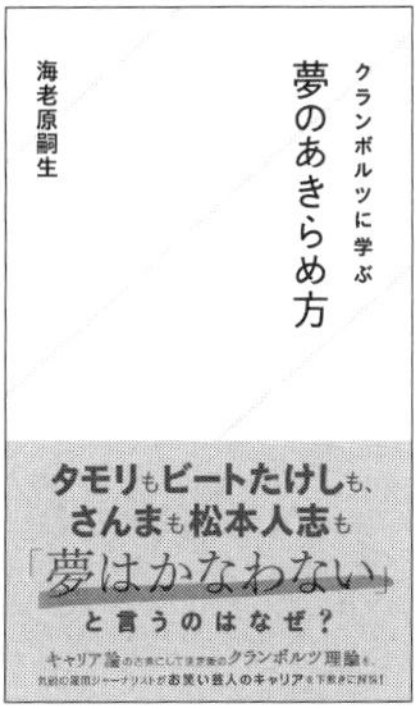

クランボルツに学ぶ
夢のあきらめ方

（海老原嗣生、星海社新書、2017年）

夢、死ね！
若者を殺す「自己実現」という嘘

（中川淳一郎、星海社新書、2014年）

夢について肯定的に見るだけでなく否定的な見方や諦め方、キャリアチェンジについてまとめた新書。前者は雇用ジャーナリスト、後者は人気コラムニストがそれぞれ執筆。前者は「夢はけっこうかなう、という事実」など肯定的な章もあり。天狗になって消えたタレントとして日本エレキテル連合が出ていて時代を感じる。後者は筆者のキャリア（大手広告代理店の博報堂勤務）なども登場。

ゴゴスマ石井の
なぜか得する話し方
誰からも好かれる会話のコツ
（石井亮次、ダイヤモンド社、
2022年）

超
ファシリ
テーション力
（平石直之、アスコム、
2021年）

第2章

夢以外で進路が選べる

○高校生が知らないと損する「総合職と専門職」

1章では、進路の決め方のうち、夢について解説してきました。

その中で「進路未定でも高校卒業後（結果的には大学進学者が多数）に変わる」「進路未定でも大学に進学すれば就職できる」と強調しています。すなわち、進路未定の高校生は夢や適性などではなく、他の軸で進路を選べばいいのです。

では、他の軸とは何か？

重要なキーワードは、総合職と専門職です。他はどうでもいいと言っても過言ではありません。

まずは、次のページの職業・企業別の平均年収一覧表をご覧ください。

職業が6種、企業が4社の平均年収データです。

この一覧表に出ている職業ならびに企業、どの学部に進学すれば就職できるでしょうか？

なお、企業については、営業部や総務部、人事部、経理部などで働く社員が対象です。

医師は医学部、薬剤師は薬学部、診療放射線技師は医療系学部、看護師は看護学部。それぞれ、関連の学部に進学し、国家試験に合格しないと、その職業に就職することができません。弁護士は司法試験合格が条件のため、結果的には法学部出身者が多数ですし、高等学校教員は教員養成系学部出身者が多数です。

では、企業の方はどうでしょうか？

キーエンスは平均年収が高く、就活生の間では注目される電気機器メーカーです。TBSホールディングスは皆さんご存じのTBSテレビの持株会社です。島津製作所は、2002年ノーベル化学賞受賞の田中耕一《たなかこういち》さんも所属する精密機器メーカーです。SCSKは、「無いぞ、知名度。SCSK。あるぞ、ITの可能性。SCSK」というCMを見たことがある方もいるかもしれません。

日常生活で触れる機会のあるTBSホールディングスはともかく、他の3社だと高校生は知らない方が多いはず。それでも、「キーエンスは電機だから工学部、島津製作所は分析機器だから工学部か理工学部、SCSKはIT系学部が多そう」と答える方はいるかもしれません。

意地悪な筆者は、わざわざ前提条件を出しています。「企業については、営業部や総務部、人事部、経理部などで働く社員が対象」と。

職業別平均年収	
医師	1169万円
弁護士	728万円
高等学校教員	709万円
薬剤師	561万円
診療放射線技師・診療X線技師	501万円
看護師	482万円

企業別平均年収	
キーエンス	2279万円
TBSホールディング	1459万円
島津製作所	859万円
SCSK	746万円

Yahoo!ファイナンス記載の平均年収データより作成／2024年5月現在のデータ

こういう部署の社員でも、工学部や理工学部、IT系学部への進学が必要ですか？本当？　本当に⁇　ねえねえ、ねえってば。

と、うるさく言い続けると、「うるせーな、オヤジ！　分かんねーよ！」とキレる方が出てくるはず。

はい、その「分からない」が正解です。

そして、その「分からない」こそが総合職の正体なのです。

○職業構造も夢との相性も真逆

総合職と専門職とは何か。

専門職は、比較的分かりやすいのではないでしょうか。名称通り、専門的な職業です。医師、看護師、薬剤師やデザイナーなど、大学での学習内容がダイレクトに職務に反映されることが多く、特定の学士や資格がなければできない仕事も含まれます。

専門職を目指す場合、関連の大学・学部（または短大・専門学校）に進学する必要があります。そのためには、早いうちに方向性を決めたうえで大学受験に臨まなければいけません。「早いうちに」という部分で思い当たる高校生もいるのではないでしょうか。

そう、この専門職は夢や適性がはっきりしている高校生にとっては相性がいいのです。

例えば、今まで文系クラスにいた高校生に、受験直前になってから「やっぱり稼げそうなので薬学部に行きたい」と言い出されても、高校の先生は困るわけです。理系クラスへの転換を認めない高校がほとんどでしょう。そもそも、文系クラスにいる時点で理数系科目への苦手意識があったり、あまり成績が良くなかったりする場合が多いので、合格できる確率は、正直高くはないでしょう。

この専門職を高校生が目指すのであれば「夢＝進路」がかなりの部分で当てはまることになります。

一方、総合職についてはいかがでしょうか。

高校生のほとんど、そして、高校の先生や保護者の方でもよく分からないという方が多いことでしょう。

総合職とは要するに、民間企業の会社員、または、地方公務員の事務系職員を指します。なお、メーカーなどは理工系学部出身者を「技術系総合職」として、文系学部出身者（理工系学部出身の希望者も含む）を「事務系総合職」という呼称で採用する企業もあります。本書では両方を含むもの、とご理解ください。

この総合職を目指す場合、早いうちに方向性を決めていなくても大学進学は十分に可能ですし、就職もできます。

また、先ほど出た「分からない」の原因にもなっている、「文系や理系、学部の垣根を越えて就職が可能」ということも大きな特徴です。


大学進学を考えている高校生のうち、大学卒業後の就職先について、はっきりとしたイメージを持つ人はどれくらいいるでしょうか。

趣味的な部分で結びつける人はいるかもしれません。鉄道が好きだからＪＲに就職したい、とか。ハローキティが好きだからサンリオが良さそう、とか。あるいは、漠然と「地元の公務員かなあ」くらいに考えている人もいるでしょう。その公務員志望の方を含めても、圧倒的多数は大学卒業後の就職を、具体的には考えていません。

これは地域や学校のレベルにかかわらず、「高校生の多くは、大学卒業後の就職先をイメージせずに大学進学をしている」、これが現実です。

さて、そうした高校生は10年前、20年前も、30年前もいました。前章で例に挙げた、『耳をすませば』の主人公の姉の世代（１９９５年）も同じです。

高校時点でははっきりとした進路（もっと言えば大学卒業後の職種・業界を含む目標）を決められなかったわけですが、大学に入るとどうなるでしょうか。

まずは勉強、結構忙しいです。よく「大学は遊んでいても卒業できた」と話す方がいます。あれは2007年以前の話で、現在は異なりますのでご注意ください。授業にきちんと出席して、単位が取れないと留年してしまいます。

サークルや運動部に入る人もいるでしょうし、友達ができてどこかに遊びに行くこともあります。

生活費も含めて稼ぐためにアルバイトをする人もいるでしょうし、長期休みになればどこかに旅行に行きたい、推しのアイドルのライブツアーにも行きたい……なんて言っていると、あっと言う間に大学3年生、就活やインターンシップが始まります。そこで初めて、色々な企業・業界があることに気付くわけです。なお、インターンシップは英語直訳の「就業体験」だけではありません。1日タイプの会社説明会や業界研究なども含みます。

本章の冒頭で例に挙げたような企業を見つけ、「こんなに給料が高いなら試しに受けてみるか」となります。

他にも、「この会社、知名度がほぼないけど、やっているビジネスは面白そう」、「この会社、これから伸びそう」など、高校在学中どころか就活直前までノーマークだった企業を志望します。

そうした企業の面接で、こんな質問が出るでしょうか。

「あなたはわが社のことを高校生のとき、どれくらい志望していましたか？」

まず、出ません。

なぜならば、大卒採用のほとんどが見込み採用で行われる日本で、そんなことを言い出したらほとんどの企業が採用などできないからです。まして、2010年代から現在まで続き、今後も長期間続くことが予想される学生有利の売り手市場ならなおさらです。このように、大学進学の学部選びは、総合職傾向なのか、専門職傾向なのかを分けて考えてください。

そして、夢・適性がはっきりしているのであれば、専門職傾向の学部が向いています。逆に、夢・適性がはっきりしていない（または複数ある）場合は、総合職傾向の学部（文系学部）か、幅の広い専門職傾向の学部が向いています。

○大卒総合職は実績不要の見込み採用

「幅の広い専門職傾向の学部」については後ほど解説するとして、その前に、高校生がほぼ知らないであろう、見込み採用というキーワードが登場しました。こちらを先に解説します。

見込み採用はポテンシャル採用とも呼ばれ、日本の企業が大卒採用をする際の大きな特徴です。

名称通り、企業側は見込みがあるかどうかで採用の是非を決めます。

ポテンシャル採用の対義語がスキルベース採用であり、こちらは職務経験や関連の資格の有無など、企業側が求職者側にスキルを要求する採用手法です。

では、日本の大学生は、就活の際、はっきりとしたスキルを示せるでしょうか。

圧倒的多数の大学生は、企業が求めるレベルのスキルなど持っていません。インターンシップに参加する大学生は増加しています。が、期間は短いものが大半であり、長くても1週間程度。それで「就業体験しました。だからスキルがあります」と言われても企業側は困るわけです。[*1]

インターンシップは、実施企業側もスキルを身に付けてもらうというより、広報の機会ととらえていることが大半です。

では、見込み採用において企業は学生のどの部分を見るでしょうか。

次のページのグラフは、企業が採用で重視する項目の調査結果です。

上位は毎年ほぼ不変で、2024年版でも「人柄」「自社への熱意」「今後の可能性」が上位を独占。いずれも、見込み・ポテンシャルを示す内容です。

スキルと言えなくもない「大学／大学院で身に付けた専門性」（24・9％／9位）「取得資格」（16・6％／11位）「語学力」（12・1％／15位）「インターンシップ等のキャリア形成支援プログラム」

（8・9％／19位）などはいずれも下位に沈んでいます。

では、企業は学生のどの部分を見て、見込み・ポテンシャルを感じるのでしょうか。

答えは千差万別、人によります。

1章でご紹介した『耳をすませば』の主人公のお姉さんに再度、ご登場いただきましょう。

「進路を決めるために大学に行っているの」と主人公に答えています。映画の中ではしっかり者で、勉強も家事もこなしているシーンが出てきます。このごくわずかな登場シーンから、企業はどう評価するのでしょうか。

「大学と家事、両立できるとは、しっかりしていそう」

「時間の管理が上手そう」などなど。

映画を見た高校生からすれば「自分はあんなしっかりとはできない」と思うかもしれません。家事をあれこれやっていないのであれば、サークルでもアルバイトでも何でもいいのです。しかも、はっきりとした役職なり、

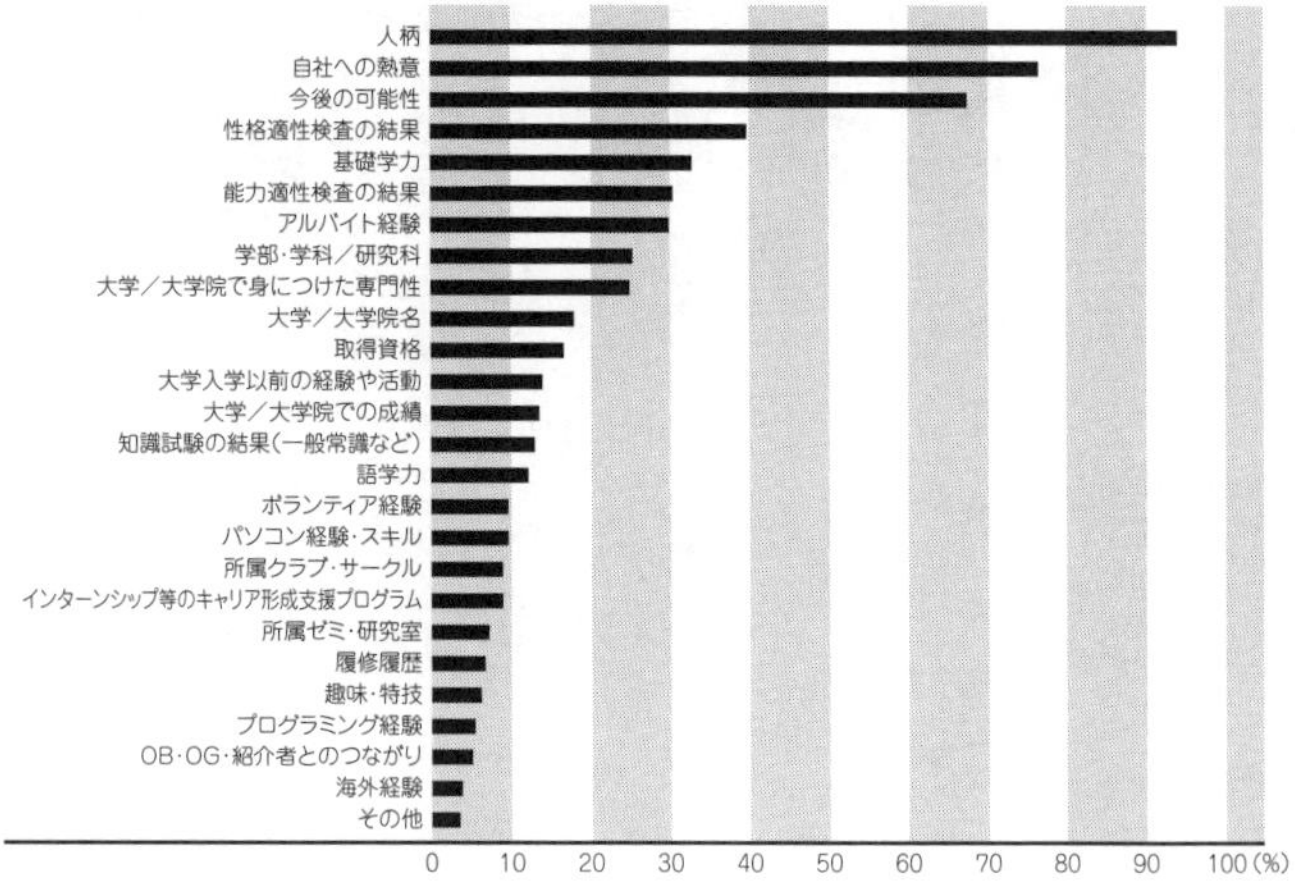

新卒採用の採用基準で重視する項目
出典：就職みらい研究所「就職白書2024」データ集

実績を出している必要は全くありません。

飲食・接客系のアルバイトをしていれば、「年上とのコミュニケーションに慣れていそう」、荷物整理などであれば、「地道な作業をやってくれそう」などなど。

これはサークル・部活動でも、大学のゼミ活動でも、留学でも、何でも同じです。

「●●してくれそう」「●●できそう」という見込みが企業側に一つでも見えればいいのです。

あとは学生本人と企業、双方がうまくマッチするかどうか、その確認作業が面接なのです。

○工学部からエンタメ企業に就職できた理由

「見込み採用」と「幅の広い専門職傾向の学部」の解説にあたり、一つエピソードを紹介します。

今から10年ほど前だったか、とある大学1年生の学生から進路の相談メールが来ました。

電気工学科に進学したこの学生は、入学後に違和感を覚えたとのこと。以下、原文です。


いきなりのメール失礼致します。

私は理系大学の電気工学科1年生のAと申します。

拙い文章になってしまうと思いますが、よろしくお願い致します。

今年の春に高校を卒業し、春先からすぐに大学に対してずっと違和感を感じていました。

まず、高校時代は理系教科の方が相対的に得意だったこともあり、理系クラスを選択。進路相談の場で、就職に強いとされる電気工学科を勧められて受験を決めたのです。

しかし、大学に入ると状況は一変しました。本当にモノづくりが好きで入ってきた人たちばかりでした。高校時代に何となくで電気工学を選んだ自分とは熱意が違い過ぎたのです。

高校の同級生は大学や学部こそ違うのですが、それでもそれぞれ勉強や研究内容に満足しているようでした。その点、私は満足感が全くありません。勉強に興味を持てず、かと言って、中退するのか、それとも他大学に編入学するのか、答えが見えないのです。

もう人生を失敗したのかなぁとか、頭をよぎってしまいます。

自分はどうするべきなのでしょうか……。


この質問に対して、キャリアの構造から理論まであれやこれやと説明した返信をしました。

メールの要点をまとめると、

「どうしてもイヤならやめた方がいい。ただし、せっかく、難関の理系大学に入れているわけだしもったいない。電気工学に興味がないならないで、勉強は留年しない程度に頑張る。

で、勉強以外で大学生活を充実させて就活は理系思考を買ってくれる企業を中心に回ったらどう?」という内容でした。

このA君とは確か、数回メールのやり取りをした後、連絡が途切れました。進路相談や就活相談のメールのやり取りでは良くある話です。ところが、それから6年後、なんとこのA君に会うことができました。

とあるエンタメ系企業の学生向け説明会を取材していたところ、このA君が「実は石渡さんに相談メールを送らせてもらいました」と挨拶に来てくれたのです。

話を聞くと、こういうことでした。

A君は結局、電気工学科を辞めずに踏みとどまりました。他の人のアドバイスも受けて、勉強は勉強、それ以外もあり、と割り切ったそうです。それで自分の趣味をとことん追求し学内で関連サークルを立ち上げました。

就活では、その趣味関連のエンタメ系企業にダメ元で当たってみたところ、なんと内定。その企業はA君の趣味関連分野に参入しており、さらにビジネスを拡大させようとしていたところでした。そして、拡大にあたって、理系思考の人材を増やそうとしていたのです。

はからずも私がメール相談の返信で提案した通りになったわけです。このA君のケースも、見込み採用によるものです。

応募者の中に、関連分野が好きという学生はいくらでもいます。しかし、A君の場合、難関大の理工系学部電気工学科出身で、理系思考を持っていました。

エンタメ系企業からすれば、「うちの会社、文系出身者が多すぎる。A君は電気工学科出身で理系思考を持っている。だったら、うちの会社に入ってくれたら違う視点をちゃんと提供してくれそう」という見込みが立ったのです。

◯幅の広い専門職傾向の学部は7系統

では、「幅の広い専門職傾向の学部」とはどういうことか、解説していきます。

「幅の広い専門職傾向の学部」とは具体的には、理・工・農・IT・教員養成・福祉・栄養の7学部系統です。

この7学部系統は、いずれも専門性が評価されるだけでなく、専門外の他業界からも評価される就職者が一定数いる、という特徴があります。

各学部系統について、見ていきましょう。

まずは、工学部系統について。

理系思考を持った人材はメーカーだけでなく、商社や小売・流通などの業界からも高く評価されます。

特に、機械工学・電気電子工学の学科は「機電系」とまとめられて、就職では相当有利になります。

機電系は、2000年代以前は、ある程度の業界のすみ分けがありました。機械工学は自動車や機械メーカー、電気電子工学は電機メーカーが中心です。

ところが2000年代以降、このすみ分けが崩壊しました。

例えば、皆さんの家にある車はどうでしょうか。電子キーにパワーウインドウ、車載カメラなど、電気電子工学の知識が必要なパーツが大幅に増えました。こうなると、自動車メーカーは機械工学出身者だけでなく、電気電子工学出身者も採用する必要があります。

逆に、電気自動車（EV）が増えてきたことにより、新興企業や電機メーカーが業界に参入できるようになりました。そうなると、電機メーカーで機械工学の人材を採用しよう、となります。

電気自動車を例に挙げましたが、他も同じく、機電系はすみ分けが崩壊しています。機械・電機業界や他業界も含めて人材の奪い合いとなっており、その分だけ学生有利の売り手市場となっています。

機電系以外でも情報工学やシステム工学、化学工学なども高く評価されています。

建築・土木工学や物質工学なども、関連業界外からの評価が低い、ということはありません。

次に、理学部・農学部系統について。

これらにも工学部系統と同様に、理系思考をもった人材を評価する業界が多数あります。特に理学部系統の中でも生物系や物理系では、その専門性を活かせる就職先がかなり限られる、という事情もあります。

生物系だと、製薬メーカーやバイオ系業界などですが、いずれも、農学部、薬学部などからも採用するため、激戦となります。

物理系だと、物性分野であれば機械メーカーからの採用が一定数あります。一方、素粒子分野だと基礎理論が中心なので就職先が多くありません。こうした事情から、専門外業界の総合職に転換せざるを得ない、という事情があります。

次に、ＩＴ学部系統について。

こちらは、工学部系統と事情が似ています。

２０００年代以降、日本でもＩＴ化が進みます。さらに、コロナ禍でZoomなどのオンライン会議システムが企業や大学、高校などで普段使いされるようになり、ＩＴ化がより加速します。

例えば、金融業界ではＡＴＭが重要となりました。システム障害を起こすと、利用者のクレームが殺到し信頼を落とすことになります。同じことは小売・流通や商社などにも当てはまります。どの業界でも社内インフラやネット注文などに対応できるサイトを構築・運営するためにはＩＴ系学部出身者を採用する必要があります。

これまでＩＴ化を進めていなかった企業でもＩＴ化に対応せざるを得ません。その結果、ＩＴ系学部の学生はＩＴ業界だけでなく他業界からも求人が殺到し、人材の奪い合いとなっています。この状況は、どう低く見ても10年は続く見込みです。

その結果、ＩＴ系学部はどこも２０１０年代に比べて軒並み人気化。さらに、後述する「奨学金返済支援制度」が一番充実している業界でもあります。

次に、栄養系・福祉系・教員養成系について。

こちらは専門職傾向の学部ではありますが、どちらも在学中に方向転換する学生が一定数います。

福祉系・教員養成系だと、業界・職種の待遇が低いことにより、より高待遇の専門外の総合職に転向する学生が少なくありません。

特に国立大の教員養成系学部はその傾向が2010年代から続いています。企業側も2010年代以前は、教員養成系の学生に対しては「内定を出してもどうせ教員就職する」などの理由であまり評価が良くありませんでした。

しかし、2010年代半ば以降、学生有利の売り手市場となると、企業側は学部がどうこう、と選り好みする余裕がなくなります。さらに、国立大教員養成系学部であれば、真面目な学生が多く、企業からすれば欲しい人材の宝庫、ということに遅まきながら気付いていきました。その結果、現在では3割前後が教員就職ではなく民間企業就職を選択しています。

福祉系・栄養系の場合、目標とする国家資格（社会福祉士、管理栄養士）が難関であり、脱落者が一定数いる、という事情もあります。この場合、国家資格の受験資格を得られない、というだけで大学の卒業自体は単位を取得していれば問題ありません。ただ、国家資格がない以上は関連業界は厳しく、そこで総合職に転換することになるのです。

以上、7学部系統の個々の事情を解説していきました。いずれも、総合職への転換は十分に可能です。そのため、夢・適性がはっきりしない、という高校生であれば、文系学部と同様に志望校候補となるわけです。

「夢・適性がはっきりしていて、専門職傾向の学部が向いている」という人の中には、専門学校を検討する人もいるかと思います。むしろ、専門学校が第一候補に挙がる人もいるでしょう。ただ、「専門職＝専門学校」という考えの方は、一度大学や短大も調べてみることをおすすめします。

○コロナ禍でも総合職採用は学生有利 ～大阪体育大学を例に

大学に進学すると、それが専門職傾向の学部だったとしても、専門外の総合職就職も十分に可能です。そして、それは就職状況の変化があっても、大学は専門学校ほど影響を受けずに済むことも示しています。

その一例として、体育系学部をご紹介しましょう。

体育学部、スポーツ科学部など様々な名称があります。こうした体育系学部の進学を考えていない方も含めて、どんなイメージがあるでしょうか？

体育・スポーツなどのキーワードが入っていることから、「スポーツを頑張っていそう」「スポーツ業界に就職する人が多そう」などのイメージを持つ人が多いはず。

そのスポーツ業界ですが、少し前のコロナ禍では、大打撃を受けていました。

そもそも、スポーツ業界のビジネスは野球でもサッカーでも、観客が試合会場に行って入場料金を払う、会場内でグッズや飲食などにお金を払うことで成り立っています。

それがコロナ禍で、試合が全部中止になりました。その後再開はしますが、無観客試合、入場制限、ようやくフルオープンで再開となったのは2023年からでした。

当然ながら、中止・無観客・入場制限があった2020年~2021年はどのスポーツチームも大幅な減収となっています。

中高生などのアマチュアスポーツに関わるスポーツ用品メーカーも基本は変わりません。練習を含めて試合が実施される、そこにユニフォームやシューズなどスポーツ用品の買い替え需要が生まれるから、スポーツ用品メーカーはビジネスが回ります。

ところが、アマチュアの試合・大会も軒並み中止となりました。そうなると、スポーツ用品メーカーもお金を稼ぐことができません。

その結果、2020年から2021年にかけて大手企業を含めたスポーツ用品メーカーは、新卒採用を大幅に抑制しました。コロナ禍前には新卒採用者数が数十人規模だった企業もゼロにしたほどです。

新卒採用をゼロにする、ということは、企業が潰れる一歩手前、とまでは言いませんが、五歩か十歩くらい手前までは行ってしまったことを示しています。

では、そうしたスポーツ業界に就職者が多そう、とのイメージのあった全国の体育系学部の就職はどうだったでしょうか？
コロナ禍であっても、ほとんど影響はありませんでした。

まず、体育系学部は伝統校を中心に、スポーツ業界への就職者は大きくは減っていません。影響があったとしても、スポーツ以外の業界に総合職就職をしていくことができたのです。
この事情について、大阪体育大学キャリア支援センターの出《で》口《ぐち》有輝《ゆうき》さんに伺いました。

「コロナ禍の影響が一番強かった2021年卒でも、就活への影響はほとんどありませんでした。ホテル・旅行業界志望者など一定の業種は、採用中止となったこともあり、影響はありました。ただ、ホテル・旅行業界志望者であれば、他の業界志望に切り替えて、ほぼ全員が就職しています」

大阪体育大学は体育系大学の中では「東の日体（日本体育大学）、西の大体」と言われるほど、強いブランド力があります。
高校生からすれば、体育大学ならば運動部でレギュラーかつ、全国大会で活躍するほどの高い実績がないと就職できないのでは、と思うかもしれません。

出口さんは「そんなことはない」と否定します。

「プロ・実業団チームに選手として入団するならまだしも、総合職就職ならほとんど関係ないですね。レギュラーで全国大会クラスだったとしても、ちょっとだけアピールしやすい程度です。補欠やマネージャーの学生であっても、勉強や就活対策をきちんとしていれば志望企業からの内定を取っています。採用担当者の方に話を聞くと、『体力もあるし、マナー・礼儀もしっかりしている。スポーツを通じて培った、主体性・計画力を含む社会人基礎力が備わっており、活躍してくれそう』とご評価いただくことが多いです」

○同じ体育系でも専門学校は壊滅状態に

では、同じ体育系の専門学校もコロナ禍の影響を受けなかったのか、と言えばそんなことはありません。

こちらは、コロナ禍の影響をもろに受けて就活でも大苦戦しました。

これは、本来の意味での学歴フィルターが影響しています。

ネット上では、難関大ほど就活で有利・偏差値が下がるほど就活で不利、という意味合いで使われますが、それは学歴フィルターというよりも、大学名差別と言う方が正確です。

本来、学歴フィルターは、学歴間での差が付くことを意味します。すなわち、大卒と専門学校卒では給料や昇進条件が異なる、などです。

コロナ禍に限らず、中規模以上（従業員が300人以上）の企業では、総合職採用を大卒に限定しています。つまり、専門学校卒は採用の応募資格に該当せず、選考に参加することができません。

もちろん、一定規模になっても、大卒だけでなく短大・専門学校卒を対象とする企業はあります。ただ、その数はごく少数であり、大多数の企業は「総合職＝大卒」なのです。

採用担当者は、大卒であれば学部はどこであれ、高卒者や専門学校卒者よりも広い視野を持っているだろう、という見込みを持ちます。その見込み、というのは体育系学部であっても、マンガ学部であっても、どの学部でも基本的に変わりません。

一方、専門学校卒者に対しては、その専門性を高く評価します。そのため、自社のビジネスや採用したい職種とその専門性が合致すれば採用しよう、となります。

逆に言えば、専門性を外れると、「大卒者と違って専門学校卒者は広い視野を持ってなさそう。それであれば、総合職としての採用はできない」と考えてしまいます。

「そんなの偏見もいいところだ」と思われるでしょう。確かにこれは偏見であって、大卒者と専門学校卒者の教養や知見にそこまで大きな差があるとは思えませんし、そんな調査結果もありません。

それでも、企業の採用担当者からすれば、他企業での成功例や、明確に「そんな差はない」と分かるデータなどがなければ、メリットよりもリスクを優先せざるを得ません。「総合職採用＝大卒のみ」を変える理由にはならないのです。

教育期間が大学は4年間、専門学校は2年（一部は3年）が原則です。期間の差は埋めがたいこともあり、「総合職採用＝大卒のみ」とする企業は今後も変えないところが大半でしょう。

なお、短大や高等専門学校も専門学校と期間は同じです（高等専門学校の場合は中学卒業後に入学し5年間〈商船学科は5年6カ月〉なので、実質は同じ）。

高等専門学校はメーカーを中心とした絶大な支持があり、高等専門学校卒業者のみを対象とした採用もあるほどです。

例外的に、地方の伝統校（かつ、学科がいわゆる文系）の短大だと、地元企業からの支持が強く、総合職採用の対象とする企業も存在します。

しかし、それらの例外を除けば大学進学者は学部の専門性も経済状況の変化も影響せずに、専門外の業界総合職として就職でき、大きなメリットと言えます。

○音楽系と医療系では大きく違う ～専門職傾向の学部も色々

専門職傾向の学部、とひとまとめにしましたが、その方向性は結構分かれます。大別すると、才能・適性のあることを前提とするかどうか、です。

具体的には、音楽系、芸術系、体育系の3学部系統は才能・適性が大前提となります。

一方、それ以外の専門職傾向の学部（理・工・農・情報・教育・医歯薬・医療・福祉・栄養など）は、才能・適性の有無はそこまで問われません。

音楽系、芸術系、体育系の3学部系統の入試では実技が課され、才能や適性の有無が確かめられます。

実技試験のための指導は高校ではできないことが多く、芸術系なら絵画塾や芸術系予備校などに通う必要があります。もちろん、目指す分野の才能・適性がある程度備わっていることが前提です。中には、中高生の時点でプロ活動をしている人もいるでしょう。

一部の大学では実技を課していませんが、入学後のどこかのタイミングで、他大学生との技量の差に打ちひしがれる学生が大量に出現します。その結果、学部入学後に絵画塾や予備校に通うことになることも少なくありません。

なお、芸術系学部の美学分野、音楽系学部の音楽環境創造分野など、理論研究が中心の学科は実技を課していません。これらの学科は、どちらかと言えば文系学部に近いとも言えます。

ただ、そうした学科は少数であり、体育・芸術・音楽の3学部系統は、基本的には実技試験が課されます。

では、他の専門職傾向の学部はどうでしょうか。

具体的には、理・工・農・情報・教育・医歯薬・医療・福祉・栄養などです。

これらはいずれも、入試で実技を課されず、先に挙げた3学部系統に比べて、適性や才能を要求されることはありません。

適性といっても、理数系科目が得意だから理工系学部とか、成績がいいので医学部とか、手先が不器用すぎるから医学部や医療系学部はやめておいた方がいいとか、その程度でしょう。それよりも、入試を突破できる学力があるかどうか、そちらの方が最優先です。

ましてや、これらの学部については資格や学士が必要なことが多く、10代でプロとして働く機会がほとんどありません。

このように、同じ専門職傾向の学部であっても、方向性は大きく分かれます。

○専門職の例外 ～社会人から目指すパターン

専門職傾向の強い学部に進学、その後専門職として就職しても、そのキャリアをずっと継続するとは限りません。これは総合職傾向の学部出身者にも当てはまりますが、大学卒業後に一度就職した後、別の業界・職種に転職することは現代ではよくある話です。

典型例がラーメン店や定食屋、喫茶店などの飲食店経営でしょう。

都市部でも地方でも、初期投資費用は数百万円から、物件によっては1000万円以上が必要となります。

その初期投資費用のために、違う業界の会社員・公務員として開業資金を貯蓄していき、30代から50代にかけて独立開業というのは珍しくありません。

ちなみに、飲食店を開業する際に必要な資格は調理師免許ではなく、食品衛生責任者と防火管理者の2種類です。どちらも1～2日の講習を受けるだけで取得できます。

私が以前に取材した、トリマーサロン経営者も、開業資金を先に貯めたパターンでした。

この経営者は航空会社に就職し、開業資金を貯蓄しています。開業資金の目処が立ったところでトリマーサロンを開業し、経営者になると同時に、トリマーの専門学校に通いだしました。

ここの部分、順番を間違えて書いたわけではありません。「トリマーなら高校卒業後はトリマーの専門学校ではないのか」と驚く方もいるでしょう。

取材の中で、順番についてこの経営者は次のように説明してくれました。


「動物が好きだったのでいずれはトリマーになりたい、と考えていました。ただ、雇われる側だと給料がそこまで高くないことはちょっと調べればすぐわかる話です。それで、まず開業資金を貯めてから開業。経営者となってトリマーを雇いつつ、私もトリマーの専門学校に通うようにしました。学校では分からないことも、部下に先輩トリマーがいますからいくらでも質問できます。トリマーサロンの見せ方などを工夫すれば、ある程度の集客ができることには自信がありましたし、実際そうなりました」


キャリアを途中で変えるのは、先に開業資金を貯蓄したという人だけではありません。

自分の専門性を他の職種・業界で試そうとした、あるいは、元からやってみたいことにチャレンジしてみた、などの事例はいくらでもあります。

転職というのは現代社会では定着しており、そう珍しい話ではありません。

ちなみに私も、大学卒業後は、日用雑貨の派遣社員（営業補助）、編集プロダクションを経て現職（大学ジャーナリスト）となっています。

このように、専門職については社会人になった後に目指すというのも、キャリアのあり方の一つです。

ただし、途中でキャリアを変える、というのはそう簡単ではありません。

若さというのは未熟である反面、新しい知識の吸収力は高いものがあります。30代や40代でキャリアを変える、というのはそう簡単ではありません。相応の覚悟と勉強が必要ですし、挫折する人もいます。

だからこそ、キャリアを変えることのできた人は凄いわけですが。

○得意科目・苦手科目 ～入試科目と入学後の必要科目は別

ここまで、総合職か専門職かという進路選択の方法を紹介しましたが、さらに絞り込むのに有効な手法として、得意科目なら受験する、苦手科目なら受験しないといった具合に、入試科目で進路を決めるというものもあります。

大学受験だと合格しないことには話になりません。そのため、入試科目で進路を決める高校生は多くいます。

科目で進路を選ぶ際に注意して欲しいのが、入試科目と入学後の必要科目は別、という問題です。

文系に分類されているものの、経済・経営学部や社会学系学部などは数学が必要な学部系統です。同じことは、地理学科や心理系学部にも言えますし、福祉系学部だと国家試験にもかかわってきます。

法学部は一見すると数学とは無関係の学問です。しかし、論理的思考能力を必要とするという点で、数学が必要と考える法曹業界関係者や法学部教員は一定数います。

実際に、暗記中心だった旧司法試験から現在の司法試験に移行すると、受験に数学を必要としない私立大中堅校からの合格者が激減しました。

逆に、医療系学部では、就職後の書類作成のため、国語が必要と言われています。

医学部だと、美術も見逃せません。低学年での実習の一つで骨などをデッサンします。つまり、美術の素養がないと進級できません。デッサンは患者に対する観察眼を磨く効果も期待でき、実際に岡山大学では2017年からデッサン教室を授業に取り入れています。

このように、受験科目でなくても、高校時代の勉強は後から役に立つことが多々あるのです。

さらに、薬学部/薬剤師、栄養系学部/管理栄養士、福祉系学部/社会福祉士など国家試験に関わってくることもあります。

特に薬学部／薬剤師については、高校レベルの化学、生物、物理をきちんと理解していないと留年して高い学費がかかり、薬剤師に合格できないまま卒業になるリスクもあります。この点は3章で詳しく解説します。

さらに、文系学部を中心に、大学入試改革の一環として数学が必須化される流れもあります。

入試科目で進路を選ぶにしても、入学後に必要とされる科目は何か、オープンキャンパスなどで調べるといいでしょう。

○好きなこと　上には上がいる世界

専門職として目指せるほどでないにしても、ちょっと好きなことを大学で勉強したいと考える高校生もいるでしょう。

1章では、「夢」と「好きなこと」が似ていること、夢については否定的な見方も併せてご紹介しました。ただし、「何となく好き」から進路を考えることが悪い、と断じるものではありません。

むしろ、現在も10年前も30年前も、多くの高校生は「何となく好き」から進路を選んでいます。

２０２０年代現在において「何となく好き」からの進路選びで注意して欲しい点は、「大学進学が基本・上には上がいる世界」「切り口を自分で考える」「大規模校か大都市圏を中心に検討する」の3点です。


まず1点目、「大学進学が基本、上には上がいる世界」について。

報道カメラマンとして有名な宮嶋茂樹《みやじましげき》さんの半自伝には、日本大学芸術学部写真学科を受けたときのエピソードが書かれています。[★2]

2次試験の「一九四六年ニューヨーク、マンハッタンにて」というタイトルの写真について評論する問題でした。

誰が撮影をしたかすら分からない宮嶋さんは、社会史的にまとめて乗り切ります。

その後入学すると、この写真を知っている同級生がいました。


「なんと、その写真がマグナムのメンバーのエリオット・アーウィットの作品やと、知ってたヤツがいたんです。後に、入学してからクラスメートの中に、『二次の写真？マグナムのアーウィットだろ?』と当然のように言い放ったヤツが。ビビりました。ワシかて、今ならもちろんアーウィットの名も作品も知ってますけど、高校時代から、そういう海外の有名なカメラマンの写真集なんかを見て、勉強してたヤツがいたことに驚いたんです」

宮嶋さんは、さらに続けて大学を次のように評価しています。

「大学っていうのは、やっぱり入ってみると、多かれ少なかれ、失望するところですが、ただ、ごく少数やけれど、高校の交友範囲には絶対にいなかったような、ものすごく優れたヤツ、天才もいるところがすごい」

これは写真学科に限らず、他の学部・学科でも当てはまる話です。

高校までの人間関係は、高校以降のそれに比べれば極めて小さく限られたものです。そのため、ちょっとした才能や技量があれば目立つことが可能です。

ところが、大学の、それも専門職傾向の強い学部だと、全国から色々なレベルの「それが好き」という学生が集まります。自分よりも優れている学生ばっかりだった、ということも珍しくありません。上には上がいる世界です。

ただし、この点をもって、「だから『ちょっと好き』レベルで大学・学部を選ぶのは止めた方がいい」という話ではありません。

大学の場合、教育期間が4年あるため、「ちょっと好き」レベルでも十分に専門性を身に付けられる可能性が高いです。

そして、仮に専門性が身に付かなかった、あるいは、専門職就職を断念したとしても、他業界の総合職として就職する方向転換が可能です。

○高校生が考える以上に選択肢は多数

2点目、「切り口を自分で考える」について。

地方の高校を中心に、運動部系部活の経験から、「スポーツを大学でも勉強したい」と考える高校生も多いでしょう。

スポーツを大学で学ぶとなると、体育学部・スポーツ科学部などが候補としてよく挙げられます。

あるいは、経営系学部のうち、スポーツ経営を冠した学科やコース・専攻も候補となります。

では、それ以外の学部・学科が候補にならないのかと言えば、そんなことはありません。

スポーツ経営を冠するコース・専攻がなくても、経済・経営・商学部系統の学科で勝手に勉強すればいいのです。

特に卒業論文やゼミ論文はテーマを何にするか、それは学生の自由です。サッカーが好きなら「サッカーチームの経営分析」などで書くことができます。

同じことは社会学部系統にも当てはまります。社会学は「何でもできる社会学」と言われるほど幅が広い学問のため、大体のことはテーマとして扱うことができます。スポーツ社会学という分野も存在しますし、日本スポーツ社会学会という研究者が集まった団体も1991年から活動しています。

立命館大学、京都産業大学、吉備国際大学などは関連学科を設けており、国立の難関大である一橋大学はスポーツ科学研究室があります。

ちなみに、筆者も社会学部の出身です。学生時代に公営ギャンブルに注目、さらにギャンブル社会学というジャンルの存在に気付き、以降はギャンブル社会学の研究を進めてきました。卒業論文は「公営ギャンブルが地域社会に与える影響についての一考察」で単位を貰い、東洋大学社会学部を卒業しています。

卒業論文以外でも、切り口は高校生が検討すべき点です。

本書で紹介している『夢なし先生の進路指導』の最初のエピソード、声優編は、MARCHクラスを狙える学力があるにもかかわらず、声優の専門学校への進学を決意した女子学生が主人公です。ネタバレになりますが、この女子学生は大成できずに事務所をクビになってしまいます。キャリアを考えるうえでよくまとまった名作です。[*3]

さて、こうした高校生にアドバイスをするとしたら、私は大学進学を勧めます。MARCHクラスでも日東駒専クラスでも、首都圏の大規模私大であれば、アニメや声優関連のサークルがあります。そうしたサークルに入りながら、アニメの自主製作をする、あるいは、演劇サークルのある大学で演劇を勉強・練習するということも可能です。大学と並行して声優の専門学校に入り、ダブルスクールで頑張るという手もあります。演劇関連の学科・専攻のある芸術系大学・学部に進学することを検討しても良いですし、洗足学園音楽大学は、音楽学部内に声優アニメソングコースを設けています。

声優志望であっても、声優の専門学校以外に「演劇・声優関連の学科」「声優専門学校とのダブルスクール」「声優・アニメサークルで自主製作」「演劇サークル」など、選択肢はたくさんあるのです。

このように大学進学を選択して、大学の勉強をしつつ声優を目指していくのもキャリアのあり方です。それで声優業への参入がうまくいけば、大学で得た教養が活きる機会もあります。逆に、声優への参入がうまく行かなくても大卒として総合職への就職ができます。

○他学部・大学の講義を受講できる裏技も

3点目「大規模校か大都市圏を中心に検討する」は、2点目にも関連します。

2点目で挙げたサークル活動は、やはり大規模校の方が活発です。もちろん、小規模校でも盛んなサークルはあるのですが、マイナーなジャンルになるほど少なくなります。自分で立ち上げようにもマイナーすぎると（それが写真や鉄道、アニメなど、ジャンルとしては大きくても）、他の学生が付いてこないというのがよくあるパターンです。その点、大規模校では学生が多いだけあって、サークルの種類も豊富です。

大規模校の場合、学校によっては教養科目や他学部受講制度が存在します。教養科目は大学により基礎科目・基盤科目などの名称があり、その内容は豊富です。

新潟大学が実施している「特殊講義（新潟県の行財政）」は、現役の新潟県庁職員が講義をします。人口減少から教育、農業、交通など各分野を網羅しており、新潟県ないし新潟県内の地方公務員志望者は受講すると間違いなくお得な講義です。

こうした公務員による実務家講義は、新潟大学だけでなく他大学にもあります。

山形大学の基幹科目の一つ、「山形から考える」の講義内容は、彫刻、洞窟の人類史、新聞、城下町のフィールドワークなど多様です。

このような教養科目や選択科目が多く用意されているのは大規模校のメリットと言えるでしょう。

さらに、大規模校には他学部受講制度が存在することもあります。これは、自身が入学した学部以外の学部科目を一部受講することができ、単位も取ることができるというものです。

これをさらに大きくしたものが、大学コンソーシアムの単位互換制度です。大学コンソーシアムとは大学の連合組織のことで、京都、大阪、東京、名古屋、仙台、福岡など都市部を中心に組織されています。

このコンソーシアムが持つ単位互換制度とは、コンソーシアムに加盟している他大学の科目の一部を受講、単位取得ができるというものです。

一番盛んな大学コンソーシアム京都だと、京都大学を含む京都のほとんどの大学が加盟しています。京都の歴史を勉強したければ同志社大学の「京都世界遺産PBL科目」で、二条城でのフィールドワークを含む講義を受けることができます。

二条城以外にも、仁和寺（京都光華女子大学）、上賀茂神社（京都産業大学）、比叡山延暦寺（龍谷大学）などがあります。

立命館大学の「専門特殊講義Ⅱ　読売マスコミ講座」は、読売新聞大阪本社、讀賣テレビ放送の連携講座であり、同社の社員がリレー式でメディアの講義をします。メディア業界志望者にはとても勉強になる科目であり、これも学外加盟校の学生は誰でも受講することができます。

このように、大学コンソーシアムで自校にはない科目を補うことも可能です。勉強してみたいテーマが学部・学科や専攻にはなくても、こうした制度を利用すると学ぶことができます。

○キャリアはドラクエ型からポケモン型へ

大学の学部を専門職傾向か総合職傾向かで分けて進路を考える、という話を高校生にすると、「そんな話、初めて聞いた」「進路選びでモヤモヤしていたけど、うまく整理できた」などの感想を貰います。

一方で、「色々なパターンがありすぎてよく分からなくなった」「それで、どの進路選択が正解なのでしょうか？」などの感想もあります。

進路選択や高校卒業後のキャリアについては「色々なパターンがありすぎる」のが現状です。

兵庫教育大学大学院准教授の永田《ながた》夏来《なつき》さんは、「2000年代以降は人々の人生観が『ドラクエ型』から『ポケモン型』に変わった」と表現しています。

永田さんいわく、ドラクエ型は、ＲＰＧゲームの名作「ドラゴンクエスト」のように、「一つのストーリーをなぞり、外れないように進めていく」。
これに対して、ポケモン型は、「好きなポケモンを集めて育てるような人生」、つまり、正解も不正解もないのです。

「ポケモン人生は自由度が高いので、何をゴールとして設定するのか、プレーヤーの数だけ答えがあります。これほどまでに選択肢があるのは、今の若者世代が初めてではないでしょうか[*4]」

つまり、どの進路選択が正しいのかで迷って当然なのです。
「若者は、悩みや不安とどのように向き合っていけばよいのでしょうか」との質問に対して、永田さんは次のように答えています。

「選択肢が多様なので、仕事やプライベート、それぞれにいろんな理想があって、せめぎ合っている状態です。様々なポケモンの集め方をしている人がいます。同じ会社の先輩の人生を聞いてロールモデルを見つけようとするのではなく、様々な人に話を聞いて、ポケモン人生のリアリティーをつかんでいくのが、いまの時代の戦略としては正しいのではないかと思います」

進路選択においてあえて正解を示すとしたら、この「様々な人に話を聞いて」ではないでしょうか。

「ドラクエ型」「ポケモン型」について、補助線を引いておきます。

同記事の中で永田さんは、1990年代以前と2000年代以降の比較をしています。2020年代の高校生は「ポケモン型」となるわけですが、細かく見ていくとどうでしょうか。

高校卒業後のキャリアは「ポケモン型」です。しかし、中学以前は親や学校教員の「あれをやれ、これをやれ」、あるいは「あれをやるな、これをやるな」という指示がある、つまり正解・不正解がはっきりしている「ドラクエ型」です。

そして、高校時代は「ドラクエ型」から「ポケモン型」への移行期として、両者が混ざった状態になります。

さらに2023年現在、4年制大学だけでも全国に810校。短大は303校、専門学校(専修学校)は2693校です。地域や学部・学科で限定していっても、10校以上の選択肢があり、高校受験のときとはわけが違います。

中には、「よく分からないから先生（あるいは親）、適当に決めて」と判断を投げてしまう人もいるかもしれません。

しかし、高校卒業後はポケモン型への移行がさらに強まり、就職後ははっきりとポケモン型に移行します。単に指示に従っているだけでは、「自己判断できない人材」と見なされて低い待遇にとどまることになります。

さらに、予期しないトラブルが起きたとき、指示を待つだけの人材ほど、トラブルに振り回されることになってしまいます。

長い人生を考えれば、高校生の段階から進路選択はきちんと考えた方が得をするのではないでしょうか。進路未定なら未定なりに、分からないなら分からないなりに調べていくと、道は開けます。

日経業界地図（日本経済新聞出版）

会社四季報 業界地図

（東洋経済新報社）

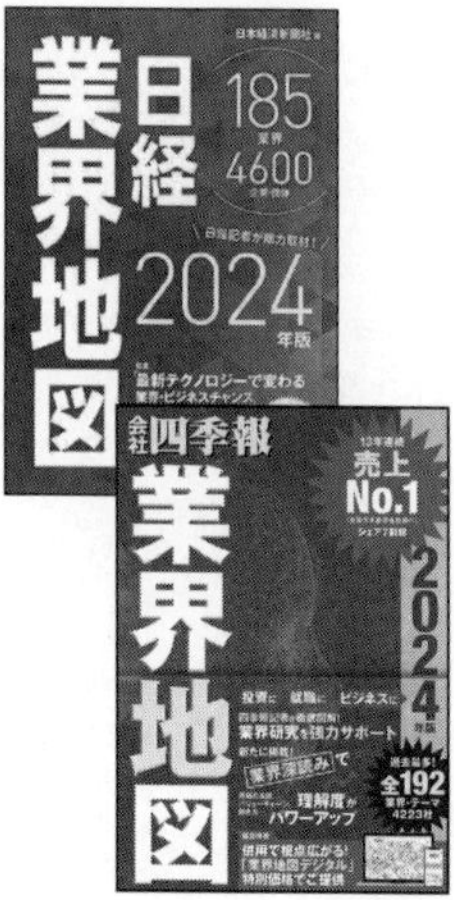

就活をする大学生が業界研究をするためのガイドブック。年度版で例年8月ごろに新年度版を刊行。180以上もの業界・テーマで掲載されており、大半は高校生は初見であろう。全部読む必要は全くない。気になる業界などをパラパラと読むだけでも十分。それと、知っている企業を数社、ランダムに出して巻末の索引で探してみてほしい。例えば、前記のニトリだと『日経』版には1カ所だが、ニトリホールディングスだと3か所に掲載されている。知名度の高い企業だと複数のビジネスを展開しており、それがどのような評価を受けているのか、調べてみると面白いはずだ。

地元で広告代理店の営業女子はじめました

（えりた、イースト・プレス、2017年）

筆者によるエッセイ漫画。筆者は大学卒業後にタイトル通り、地方の広告代理店で営業職（総合職）として働くことになる。失敗続きだがそれを克服する姿が赤裸々に描かれている。高校生にとっては会社員として働く姿は想像しづらいはず。この漫画は総合職としての働き方が分かる良著だ。女性社員が主人公だが、男子高校生も参考になる。続編の『社会人4年目、転職考えはじめました』（えりた、イースト・プレス、2018年）も併せておすすめ。

運は創るもの

（似鳥昭雄、日本経済新聞出版、2015年）

仕事と心の流儀

（丹羽宇一郎、講談社現代新書、2019年）

企業経営者の本は高校生が読むと進路選択の参考になる。前者は家具・日用品チェーン「ニトリ」の創業者が筆者。日本経済新聞のコラム「私の履歴書」に大幅に加筆。連載当時、「日本経済新聞を1面ではなく最終面（掲載面）から読むようにした」とする社会人が続出するほど好評。イジメにヤミ米販売、営業部長に横流しされ新店舗は雪で潰れるなど波乱万丈。後者は総合商社・伊藤忠商事の元会長が筆者。組織と個人の違い、努力とは何か、など筆者のビジネス経験から来る内容は深くて参考になる。続編の『社長って何だ！』（講談社現代新書、2019年）、『負けてたまるか！　若者のための仕事論』（朝日新書、2010年）なども併せて読みたい。

社長って何だ！

（講談社現代新書、2019年）

負けてたまるか！
若者のための仕事論

（朝日新書、2010年）

社会人４年目、
転職考えはじめました

（えりた、イースト・プレス、2018年）

第3章

お金の面から進路を考える

○ 大卒対高卒　生涯賃金はどう違う？

高校生と中学生以前の進路選択で大きく異なるのがお金です。

中学以前であれば、学費は義務教育なら無償、私立中学や高校でも保護者が負担するのが一般的です。高校卒業後の進路の場合、進路によっては学費が高額であり、家計ではまかないきれないこともあります。

そのため、高校生が進路を考える際には「自分が将来やってみたいこと」と同時に「学費とその効果（コスパ）はどうなのか」、両方を考える必要があります。

本章では、学費や奨学金についてだけでなく、他の学費ローンや奨学金返済支援制度なども含め、各進路のコスパを解説していきます。

まずは、大卒と高卒の生涯賃金の違いについて。

大卒の方が生涯賃金では上回ることはデータではっきりと出ています。

次のページのグラフは、学歴による男女の賃金の違いを示したものです。労働政策研究・研修機構のデータによりますと、２０２２年時点で大卒の平均生涯賃金は男性・２億４７４０万円、女性・１億９８００万円、高卒は男性・２億３０００万円、女性１億４９２０万円でした。[*1]

男性・女性ともに４０００万円から５０００万円の差が付いています。

厚生労働省の調査結果でも、賃金の平均（男女計）は高卒28万１９００円（45・6歳）、大卒36万９４００円（41・6歳）となっています。

このように、学歴別では大卒が４０００万円から５０００万円、大企業であればそれ以上の差が付くわけで、これが大学進学に伴う利益と言えます。

○「高卒就職の方が得」というウソ

逆に大学進学に伴う損失もあります。

大学進学をせずに高卒就職をして４年間、働いたとしましょう。

高卒で就職した際の年収を２５０万円だったと仮定すると、４年間（大学の標準教育年限）で１０００万円となります。

高卒で就職していれば得られた賃金を獲得できなかった、という見方から、これを「放棄所得」と言います。

この放棄所得が大学進学のデメリットと言えるでしょう。

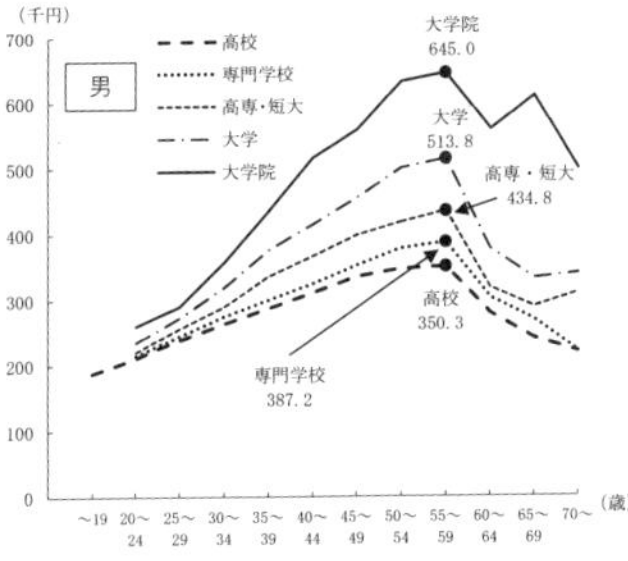

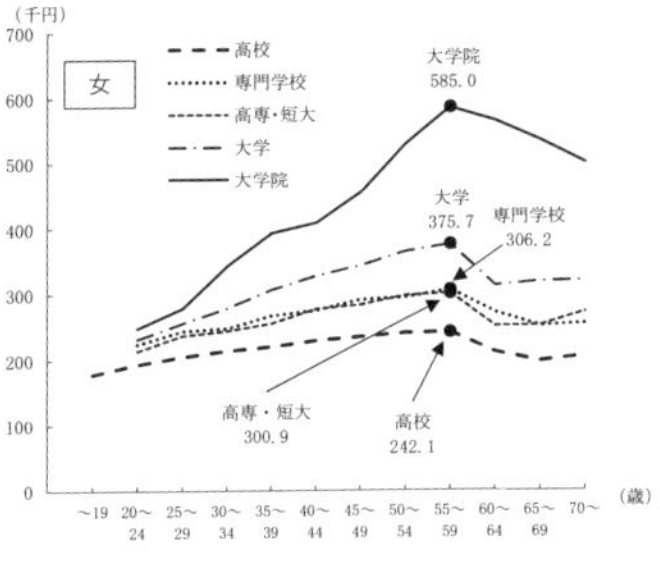

学歴、性、年齢階級別賃金（令和４年）
出典：厚生労働省「令和４年賃金構造基本統計調査 」

では、メリットとデメリットどちらが上回るか。生涯賃金の格差が最低でも4000万円、放棄所得が1000万円なら差し引き計算でメリットが上回ります。

ところが、こうしたデータを無視した、「大学進学よりも高卒就職の方が得」との主張が存在します。

主なところだと、①放棄所得の1000万円がもったいない。②奨学金の返済を考えれば大学進学する価値は疑問。③いわゆるFランク大学に進学しても、就職先は限られる／高卒で就職できる飲食・小売業などが中心となる大学も多い。④高卒就職でも好条件の企業に就職できる。近年だと、給料も上がっている。⑤多くの統計データは60歳まで同一企業に勤務した場合で算出しているが、転職が盛んな現代、それは意味のあるデータなのかなどなど。

①は、生涯賃金の差が最低でも4000万円であることを考えれば論外です。[*2]

②も同様。日本学生支援機構のシミュレーションを見てみると明白です。奨学金利用残高の310万円を金利1.000%、機関保証ありで計算した場合、返済総額は340万4351円でした。生涯賃金の差の平均が4000万円なので、ざっと3600万円、大学進学の方が上回ります。

③については、飲食・小売業に高卒なら良くて大卒ならダメなんてことはないわけですし、

飲食・小売業でも、大卒採用と高卒採用では業務内容や昇進・昇給などで差を付けている企業が多くあります。

④は事実ですが、この状況は大卒就職でも同じです。さらに、大卒就職の場合は後述する「奨学金返済支援制度」を導入する企業が相次いでおり、この傾向は今後も続くことが予想されます。

⑤ももっともらしくはありますが、年収を上げるために若者が転職する時代になりつつある一方で、高卒就職者が早期離職をした場合、転職活動で苦戦しがちという現実もあります。そうした状況を鑑みると、「だから高卒就職の方が良い」と言い切る根拠としては難しいところです。

「高卒就職の方が大学進学よりも上」とする論は他にもありますが、それが感情論ではないか、進路選択として本当にメリットが大きいかどうか、見極める必要があります。[*3]

「はじめに」でもお伝えしたとおり、本書は基本、大学進学をおすすめしつつ、そのうえで短大・専門学校進学、高卒就職でそれぞれ損をしないノウハウを説明しています。

しかし、それは大卒や学歴があることが偉いからとか、高卒が悪いからというわけではなく、あくまで「夢も金もない高校生の進路選択」において、メリットが大きいからです。

私は高卒就職の選択をした高校生を応援したいと思いますし、それは大学や短大・専門学校進学を選択した高校生に対しても同じです。

だからこそ、データや現実を知ったうえで選択をして欲しいですし、その選択を応援するために、高卒就職について解説する章を設けています。

○「やりたいことがないなら大学進学は無意味」論こそ無意味

高卒就職の関係者による大学進学否定論と似たものが、保護者による大学進学否定論です。すなわち、「はっきりと勉強してみたいことがあるなら大学進学を認めてやってもいい。しかし、あやふやな状態なら大して勉強もしないだろうから、大学進学はやめた方がいい」というものです。

高校生からすれば、「はっきりと勉強してみたい」意識など強くはありません。大多数は「あやふやな状態」で進路を考える程度です。こうした大学進学否定論は、都市部よりも地方に多い印象があります。

一見するともっともそうな主張であり、言われた高校生は反論できなくなるのです。

しかし、先ほどの生涯賃金のデータでも分かる通り、この無意味論は学費支出を一時的に抑えることはできても、長期的に見たときにはそこまでプラスにはならないと私は考えています。

多くの場合、奨学金の利用、奨学金返済支援制度を導入する企業の増加などが考慮されていないからです。

○「奨学金は借金」のホントとウソと

大学進学否定論や無用論以上に混沌としているのが、日本学生支援機構（JASSO）の奨学金です。

奨学金については、「借りたものは返して当然」とする通俗道徳論が強い一方、政治問題と絡める識者も多く、大学進学否定論以上に高校生が置き去りになり、進路選択で適切な情報提供や整理ができていません。

まず、日本学生支援機構の奨学金には「給付型」と「貸与型」の2種類があります。給付型は英語で言うところのScholarship（奨学金）で、卒業後の返済の必要がありません。貸与型はLoan（貸付金）で、卒業後に返済が必要になります。住宅ローン、教育ローンなどと同じ「ローン」です。貸与型奨学金には、利子のつかない第一種と、返済時に利子のつく第二種があります。

さて、このLoan型の日本学生支援機構の奨学金（修学支援制度による給付型奨学金を除く）を利用して大学などに進学・卒業したらどうなるでしょうか？

当然ですが、働きながら数年かけて分割での返済が求められます。つまり、Loan、借金なんです。

この点を高校生はよく認識するべきです。

という話をあちこちでしていると、「奨学金を「Loan・借金」と言うのは高校生の進学意欲を削ぐようなもの」との反論を受けることがあります。

下の表は、奨学生が「奨学金の返済義務を知った時期」についてまとめたものです。

無延滞者は「申し込み手続きを行う前」、つまり、高校在学中との回答が89・4％と圧倒的多数でした。

一方、延滞者は申し込む前の割合が50・3％と低く、貸与

区分	延滞者		無延滞者	
	人数	比率	人数	比率
申し込み手続きを行う前	996	50.3%	1293	89.4%
申し込み手続き中	287	14.5%	72	5.0%
貸与中	129	6.5%	40	2.8%
貸与終了時	65	3.3%	8	0.6%
貸与終了後～返還開始前	77	3.9%	14	1.0%
返還開始～督促前	83	4.2%	3	0.2%
延滞督促を受けてから	163	8.2%	3	0.2%
その他	14	0.7%	1	0.1%
わからない	167	8.4%	13	0.9%
計	1981	100.0%	1447	100.0%
無回答	67		11	

奨学金の返済義務を知った時期
出典：日本学生支援機構「令和元年度　奨学金の返還者に関する属性調査結果」

終了後（大学などを卒業後）に知った割合は合計で16・3％もいました（無延滞者は合計1・4％）。

このデータは、奨学金の性格をきちんと認識しているかどうかがその後にもつながっていることを示しています。

日本学生支援機構は2004年の発足であり、それ以前の奨学金事業は日本育英会が担当していました。

日本育英会時代は、教員になった場合は返済が免除される制度がありました。さらに、返済しなかったとしても、極端な話、踏み倒すこともできたのです。そのため、日本育英会時代は回収率の低さが国会で問題視されていました。

それが日本学生支援機構となってからは、延滞者に対する回収が強化され「サラ金並み」と評されるほどの社会問題となりました。しかも、2000年代は延滞者に対する猶予制度などの告知は不十分だったのです。

そこから、「奨学金＝怖い」というイメージが定着し、一部では大学進学否定論・無意味論につながってしまっています。

私は、高校生が奨学金を利用する際は、「その多くはScholarshipではなくLoanであり、返済する必要がある」、この当たり前の事実をきちんと認識すべき、と考えます。

ただし、です。奨学金はLoanである一方、住宅ローンなどと違い担保を必要としません。

住宅ローンなどは、基本的には、返済できなかった場合の担保や長期間の返済が可能かどうかの信用実績を必要とします。

その点、奨学金は担保や信用実績が必要ありません（保護者の家計基準などはありますが）。返済の必要はあれど、他のLoanとは性格が異なるという点も、高校生は知っておくべきでしょう。

○奨学金返済の是非は就職が影響

高校生が奨学金で知っておくべきデータがもう一つあります。

下の表をご覧ください。これは、奨学生の職業と延滞／無延滞の割合をまとめたものです。

無延滞者は正社（職）員が74・3％を占めており、非正規社（職）員は13・9％です。

一方、延滞者は正社（職）員が40・7％、非正規社（職）員は30・9％でした。

区分	延滞者		無延滞者	
	人数	比率	人数	比率
正社（職）員・従業員	828	40.7%	1084	74.3%
非正規社（職）員・従業員	628	30.9%	203	13.9%
自営業／家業	143	7.0%	37	2.5%
学生（留学を含む）	5	0.2%	18	1.2%
専業主婦（夫）	93	4.6%	54	3.7%
無職・失業中／休業中	297	14.6%	58	4.0%
その他	41	2.0%	4	0.3%
計	2035	100.0%	1458	100.0%
無回答	13		0	

奨学生の職業と延滞／無延滞の割合
出典：日本学生支援機構「令和元年度　奨学金の返還者に関する属性調査結果」

年収は無延滞者は300万円超が合計55・6％、300万円未満が42・4％。延滞者は300万円超が27・5％、300万円未満が69・6％でした。

正社（職）員で高年収であれば、延滞せずに返済可能となります。一方で、非正規社（職）員かつ、低年収であれば延滞リスクが高まります。

つまり、奨学金を利用するのであれば、就職は正社員採用で、しかも高待遇の企業を目指すことが必要となります。

何を当たり前のことを、と思われるかもしれませんが、その当たり前ができていない利用者が多いから、こうしたデータが出るわけです。

では、奨学金を利用する高校生はどうすればいいでしょうか。

進路未定・夢がなかったとしても、大学進学をする以上、卒業後の就職についてはある程度調べておくべきです。

これは、資格が取れる専門職傾向の学部だから良くて他はダメ、という話ではありません。その専門職でもどれくらいのコストがかかるのか、平均年収はどれくらいか、などを少し調べて、現実を把握しておくべき、ということです。

そして、総合職傾向の強い学部だったとしても、その就職先はどういったところかなどは調べておきましょう。

大学進学後も、キャリア関連の授業やキャリアセンター・就職課主催のガイダンスなどにはこまめに出席するなど、就活を早いうちから意識しておくことも重要です。

○予約時はダメ元で申し込む

では、ここから日本学生支援機構の貸与型奨学金について解説していきます。

日本学生支援機構の奨学金は2024年現在、高校3年生のときに予約をする予約採用と、進学後に申し込む在学採用、被災したり家計が急変したりした時にいつでも申し込める被災・家計急変時の採用（第一種は緊急採用、第二種は応急採用）に分かれます。

予約採用の募集期間は4～5月、6月、7月の3回で締め切りは高校・地域により異なります。

奨学金制度を使うことを検討している人は、予約時に申し込めるものには申し込みましょう。

貸与型奨学金だけでなく給付型奨学金も同時に申し込むことになります。

ここでのポイントは給付型も含め、申し込めるものはすべて申し込んでおくことです。

日本学生支援機構の進学資金シミュレーターでギリギリだったとしても、ダメ元で申し込みましょう。

進学資金シミュレーターは目安であり、ギリギリのところであれば採用されることもあるからです（その逆もあり）。

予約時に申し込んでおいて後からキャンセルすることは可能ですが、予約時に申し込まないと、在学採用まで待つことになります。

●学力基準・家計基準はあくまでも目安

貸与型奨学金の学力・家計基準は、世帯人数や種類によって変わります。

仮に本人、両親、中学生の兄弟または姉妹の4人世帯とすると、第一種（利子なし）の場合、学力基準が高校1～2年生で評定平均3・5以上、家計基準は給与所得が約747万円まで、公的年金など給与以外での所得が306万～349万円までです。

第二種（利子あり）の場合、学力基準は実質なし。家計基準は、給与所得が約1100万円まで、給与以外の所得が約692万円までです。

なお、第一種・第二種の併用は可能です。もちろんですが、給付型奨学金に採用された場合の併用も同様です。

貸与型奨学金を申し込む際、学力基準・家計基準は、あくまでも目安です。

第一種の成績基準は、住民税非課税世帯については実質的に問われることはほぼありません。

第二種の学力基準は「高等学校または専修学校（高等課程）における成績が平均水準以上と認められる者」などの3項目があります。ただ、実質的にはほぼ無条件と同じというのが実情です。

○入学金特別増額のウソ

「学力基準・家計基準はあくまでも目安」という時点で「そんなあいまいなものなの？」と思った方も多いでしょう。

よく言えば、あいまいにしておくことで対象者を多く救っていると言えます。悪く言えば、あいまい過ぎて制度としては分かりづらい点があります。

他にもいくつか、面倒な点（かつ、知っておくべき点）があります。

まずは、入学時特別増額貸与奨学金について。

この制度は、あまり使い勝手が良くありません。

日本学生支援機構のサイトでは、この制度について、次のように説明しています。

「第一種奨学金（無利子）または第二種奨学金（有利子）に加えて、入学した月の分の奨学金の月額に一時金として増額して貸与する有利子の奨学金」

この説明から、進学時の入学金その他学費の振り込みで必要な資金を手当するための奨学金、と誤解する高校生や保護者が実に多くいます。

この「入学時特別増額貸与奨学金」が振り込まれるのは、入学前でも入学時でもなく、入学後となります。そのため、入学金を含む学費支払いの締め切りや、一人暮らしをする学生のアパートなどの費用について、いずれも間に合わないのです。

こうした費用を自己資金で支払えない場合は、後述する国の教育ローン（日本政策金融公庫）、労働金庫の教育ローンなどを使うことになります。

つまり、入学時特別増額貸与奨学金を申し込むと、あくまでも入学後に特別増額分が増えるというだけです。当然ですが、貸与総額は増えますし、その分だけ返済額も増えます。

そのため、この制度にはわざわざ申し込む必要性がない、と筆者は考えます。

○保証制度は機関保証一択

貸与型奨学金は、保証制度を「人的保証」と「機関保証」のいずれかから選択する必要があります。

人的保証は原則、保護者が連帯保証人となり、子ども本人から4親等以内の親族が保証人となります。

機関保証は、保証機関（日本国際教育支援協会）に保証料を支払うことで連帯保証人・保証人の選定が不要となります。

機関保証の保証料は、毎月振り込まれる奨学金の額から保証料が引かれることになり、保証料は奨学金総額の3〜6％程度です。総額300万円の場合は9万円〜18万円というところです。

この保証制度の選択ですが、私は機関保証の一択を強くおすすめします。

人的保証に比べて機関保証は保証料の支払いがあり、毎月の奨学金振込額から保証料が差し引かれることになりますが、月単位であれば数千円程度であり、そこまで高額ではありません。

さらに、奨学金の問題は卒業後に発生します。すなわち、奨学金の利用者が返済できなくなった場合、連帯保証人や保証人に支払いが求められます。

当然ながら、保護者だけでなく親族間でその支払いを巡り争いとなり、家族・親族の関係が断絶するまでに至ったケースもあります。

もちろん、そうならないよう高校生が進学後にきちんと就職し、きちんと返済できれば問題はありません。しかし、人生はいつ、どこでどうなるか、誰も保証などできません。想定以上にうまく行くか、あるいは、逆か……。

仮にですが、卒業後の就職がうまく行かず返済できなくなったとしましょう。機関保証であれば、保証機関が延滞分を日本学生支援機構に返済します。

保証機関はその後、代理返済分を奨学金利用者に一括請求するので、結果的には同じ、と言えます。それでも、保護者や親族は人的保証のように返済を求められることはありません。

家族・親族間で無用なトラブルを起こさない費用と考えれば、筆者は機関保証を強くおすすめします。

なお、文部科学省の資料によりますと、2021年度は53・8％が機関保証を選択しました。2004年度は約9割が人的保証を選択していたので、それだけ奨学金返済のトラブルや機関保証が認知された結果と言えます。[*4]

なお、保証制度の選択変更について、「人的→機関」は保証人の死亡時などに認められています。逆に「機関→人的」は原則、認められていません。

○利率の算定方式の選択は無理？

貸与型奨学金（第二種）については、保証制度以外にも選択しなければならないことがあります。

それが利率の算定方式です。

利率の算定方式は利率固定方式と利率見直し方式のいずれかを選択しなければならず、利率固定方式は、返済終了後まで全て同じ利率が適用されます。

利率見直し方式は、市場金利の変動とともに利率が見直されます（おおむね5年ごと）。

利率の上限は固定方式・見直し方式ともに3％となっています。

この「上限3％」という部分から、何度か、「市場金利が超低金利の中、奨学金は3％もの高い利率となっている」と批判する声が不定期に登場しますが、あくまでも「上限3％」となっています。

付言しますと、返済の基本月額で利率がもっとも高かったのは2007年・2008年の1・9％（どちらも6月／利率固定方式）でした（増額分は2007年・2008年のともに6月・利率固定方式で2・1％）。

2024年4月時点の利率は、利率固定方式では1・140％、利率見直し方式では0・5％でした。

日本学生支援機構サイトによりますと、実際の利率を見てみると、2007年以降では4月時点で利率見直し方式の方が低利だった年がほとんどでした（4月時点で同じ利率だった年は2016年のみ）。

とは言え、高校3年次に予約採用を申し込んだとして、返済が始まるのは5年後です。

そんな先の金利変動など、高校生どころか社会人だって読めるものではありません。もちろん筆者にだって無理です。そんな先の経済状況が分かるなら、大学ジャーナリストを廃業して経済ジャーナリストになっているところです……。

この利率算定方式は、ひとまず、低利となる可能性が高い利率見直し方式を選択しておくのが良いのではないかと考えます。

なお、最終学年（4年制であれば大学4年生）に変更が可能です。そのときに、市中金利や経済状況などから改めて判断すればいいでしょう。変更受付期間は大学により異なりますので、学生課など奨学金担当部署に確認することが必要となります。

◎国の教育ローン（日本政策金融公庫）なども検討を

奨学金と異なり、教育ローンは高校生の申し込みができません。保護者が申し込むことになります。それでも、進路関連の教養として高校生は知っておくべきでしょう。

この中でもっとも有名なものが、日本政策金融公庫の「国の教育ローン」です（沖縄県では沖縄振興開発金融公庫が担当）。

令和2年時点で、奨学金と併用しての利用者はローン利用者の49％となっています。

教育ローンの大きなメリットは、入学時納付金や入試の費用など、入学前の支払いに充当できる点です。入試の費用などに充当することも可能です。

日本政策金融公庫だと世帯年収の上限があり、労働金庫は団体会員の構成員・生協会員の組合員か一般勤労者か、などで融資条件が変わります。さらに、母子家庭・父子家庭の金利低減など家庭状況に応じた特例もあります。

教育ローンは使い勝手がいい反面、利率は奨学金よりも高いものが多くなっています。利率が高い分、奨学金よりも総支払額が高くなりがちなのがデメリットと言えるでしょう。また、後述する「奨学金返済支援制度」においては、借り入れが本人でないため対象外となる点に注意が必要です。

融資の審査には時間がかかり、特に受験シーズンには1カ月前後かかると言われています。3月の入学時納付金の支払いなどに充てるとしたら、12月までの申し込みが必要です。

進学資金の調達先としては奨学金をメインにしつつ、入学前の支払いなどを教育ローンで補う、という形を取るのがいいのではないでしょうか。

○修学支援新制度は対象者だと返済なし

2020年度から始まったのが「高等教育の修学支援新制度」です。

この制度は対象者であれば、全員が授業料の減免を受けたうえで給付型奨学金が支給されます。

授業料・奨学金とも、返済義務はありません。

支援対象者は3区分に分かれます。最高区分の第1区分は、世帯年収が270万円以下（住民税非課税世帯）で、支援上限額満額の支援が受けられます。

次の第2区分は、世帯収入が270万円～300万円の世帯で、支援上限額の2／3の支援を受けられます。

第3区分は、世帯収入は300万円～380万円の世帯で、支援額は上限額の1／3です。

もしも最高区分に該当し、国公立大学に進学した場合は、入学金・学費はすべて充当されます。

対象となる教育機関は大学（夜間・通信課程を含む）、短大、高等専門学校、専門学校で、一部の大学は対象外となっています。

この修学支援新制度の申し込みは貸与型奨学金と同じく、日本学生支援機構が担当しています。高校生は貸与型奨学金と同様に、予約採用時（募集期間は4～5月、6月、7月の3回）に申し込むことになります。

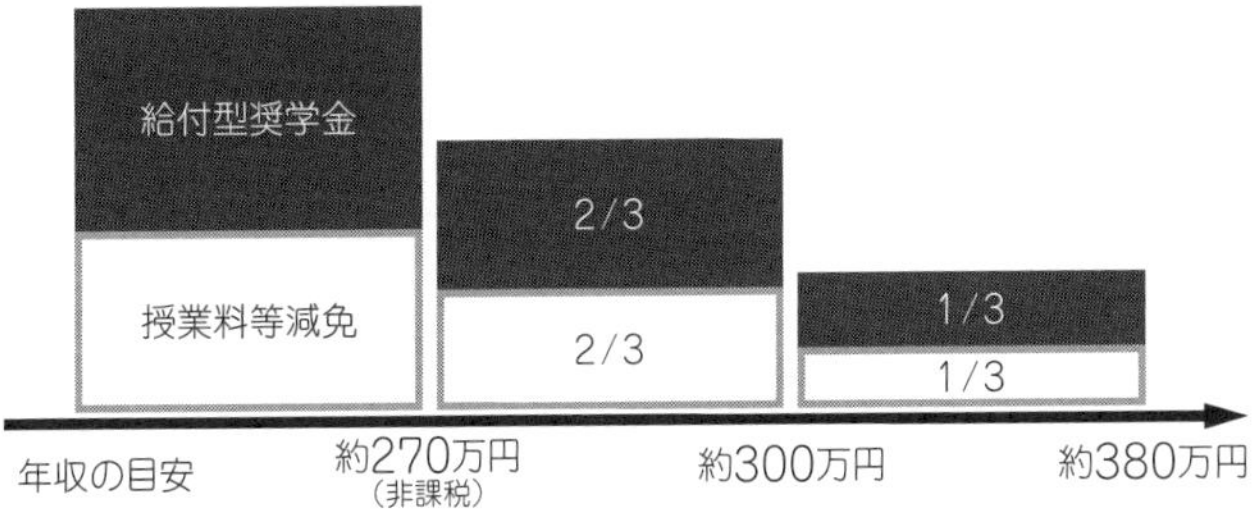

支援を受けられる年収の目安と支援額
出典：JASSOホームページ

間に合わなかった場合は、進学後に申し込む在学採用となる点も貸与型奨学金と同じです。

この修学支援新制度は2022年度の採用者数が12万4361人となり、今後も利用者が増える見込みで、対象も拡大されていきます。

まずは2024年度から、世帯年収380万円以上600万円以下程度の家庭で、「理工農系学部の進学」または「多子世帯（扶養の子どもの数が3人以上）」の条件を満たす場合も対象となりました。

「理工農系学部」の場合は文系学部との差額、「多子世帯」の場合は第1区分の1／4の支援を受けられます。

これで制度変更が終わったわけではありません。

さらに2025年度からは、「多子世帯」については所得制限がなくなり、支援額も授業料減免額は第1区分と同額となります。なお、給付型奨学金については2024年の変更と同じで、世帯年収が380万円以上600万円以下程度だと第1区分の1／4です。

この度重なる変更は、岸田内閣の「こども未来戦略」が影響しています。

今後も、修学支援新制度は拡充される見込みであり、特に理工農系学部だけでなく情報系学部、看護・医療系学部、福祉系学部などへの進学者については、対象や支援総額が拡大・

拡充される可能性が高いです。そのため、高校生は制度の対象となるかどうか、こまめにニュースを確認しましょう。

○総合職志向なら奨学金返済支援制度も

国の修学支援新制度も拡充されていますが、民間企業も同様です。

それが奨学金返済支援制度です。

これは国の修学支援新制度と異なり、条件はただ一つ。その企業に入社し、一定年数働くことです。そうすれば、奨学金の一定額を企業側が代理返済してくれます。

この制度を導入する企業は2023年8月時点で1000社を超えており、今後も同様の制度を導入する企業は増加する見込みです。しかも、すでに導入済みの企業は支援金額の上限を上げていくことが予想されます。

導入企業・業界はバラバラで、あえて言うならば、ITや飲食・小売・流通などに多い印象です。

ここで2章で解説した総合職・専門職の別について、思い出してください。

総合職はいわゆる多くの高校生が想像する「会社員」であり、出身学部などを問わず見込み採用で決める、ということを解説しました。

その総合職の採用ですが、2010年代後半から学生有利の売り手市場となり、2024年現在も続いています。

背景には少子化や各業界での人不足、働き方改革に伴う残業規制などがあります。おそらくは、本書で対象としている2024年現在の高校生が大学進学後に就活をする2020年代後半以降も、この売り手市場は継続している可能性が高いです。

さて、売り手市場というものは採用側が苦労する採用氷河期となります。人材を確保するために初任給を上げる、福利厚生を改善する、など手を尽くしています。

しかし、それらはどの企業もやっていることですし、そこまでやっても簡単に辞めて、他社に転職していってしまいます。都市部でも地方でも、転職関連のCMがよく流れていますが、これはそれだけ転職市場が活発になっていることを示しています。

企業からすれば、大卒採用の社員には少しでも長く働いてもらわないと、採用にかかったコストを回収できません。そこで困った企業の切り札として注目され、導入が相次いでいるのが奨学金返済支援制度なのです。

この制度は2012年にノバレーゼ（ブライダル）がはじめて導入しました。

その後、2014年にはオンデーズ（めがねチェーン）、2016年にはクロスキャット（IT）がそれぞれ導入。このあたりから、奨学金返済が必要な学生に就職してもらおうと、同様の制度を設ける企業や自治体が増加していきました。

2022年の時点で奨学金の借入総額の平均は310・0万円となっています。毎月の返済額の平均は1万5226円、返済期間は平均14・5年。

それが、支援総額が160万円の企業に就職することで返済額・期間をそれぞれ半分にすることができます。

早期退職者が続出し、転職採用で対応したとしても、その費用は少なくとも数百万円以上になります。

企業としては、奨学金返済支援制度に伴う支出が100万円、いや、200万円でも300万円でも、新卒採用のコストと早期退職者の穴を埋める転職採用のコストを考えれば安い買い物となるのです。

さらにこの制度を後押しすることになったのが、2021年から始まった代理返還制度です。

代理返還制度が導入される前は、奨学金返済支援制度での支援金は手当という形で毎月の給料に加算されて支給されていました。そうなると、給与の総額が変わるため、住民税や所得税などが上がってしまいます。支援金の一部が税金として引かれてしまっていたのです。

それが、代理返還制度が導入されたことによって、企業は支援額を日本学生支援機構に直接振り込むことができるようになりました。

しかも、企業側は支援額を損金として計上することができるので、企業としても会計のうえでメリットがあります。支援を受け取る社員も税金を課されることはありません。

なお、この制度を利用して、上限額を貰った後に退社した場合は、特に罰則などはありません。これは社員食堂などと同じ福利厚生の一環であり、企業側は返済支援分の返還を求めることはありません。

病院などが運営する専門学校だと、母体の病院勤務を条件に学費免除をすることがよくあります。この場合、指定期間前に退職する場合は学費免除分の返還が求められますし、その点は募集要項などにも明記されています。

奨学金返済支援制度は人材難に悩む企業にとっては切り札的な存在となっているのです。初期にこの制度を導入したクロスキャットは最大支援金額を１００万円から１８０万円に引き上げましたし、ゆで太郎システム（飲食）は２０２３年に54万円から１４４万円に引き上げました。

今後も、導入済み企業は上限を引き上げていく見込みです。

この奨学金返済支援制度を導入する企業に入社すれば、貸与型の奨学金を利用しても、卒業後の返済をある程度軽減することができます。

（単位：万円）

筆者は、高校生がこうした制度の存在を理解した上で大学に進学、就活に臨めばいいのでは、と考えています。[*5]

企業名	本　社	支援総額
松本土建	長野県	360
HEXEL Works	東京都	300
アップルオートネットワーク	三重県	300
ノバレーゼ	東京都	200
松屋フーズ	東京都	200
宮崎本店	三重県	200
伊藤組土建	北海道	200
クロスキャット	東京都	180
万惣	広島県	180
丸合	鳥取県	180
あぶくま信用金庫	福島県	150
九州電力（技術系）	福岡県	126
ヨコソー	神奈川県	126
ヤマザワ	山形県	124.8
サザビーリーグ	東京都	102
アクシアル リテイリンググループ	新潟県	60
イズミ	広島県	60
JR東日本	東京都	50

奨学金支援制度導入企業例

○大学の奨学金 ～成績優秀なら学費減免も

ここからは大学独自の奨学金について解説していきます。

大学独自の奨学金は、1990年代までは大学側もあまり力を入れていませんでした。もちろん、家計の苦しい学生・受験生向けの奨学金は当時もありました。

ただ、力を入れて宣伝している例はごくわずかで、対象も限られていました。

国公立大学の場合は、学費減免制度を導入しており、これは家計の苦しい家庭の学生が対象で、採用されると学費が全額または半額、免除となっていました。

同様の制度は一部の私立大学にもあり、これに日本学生支援機構の奨学金があれば十分、と考える大学がほとんどでした。

それが2000年代以降、家計基準だけでなく、入試成績が優秀であれば学費を減免する奨学金制度を導入する大学が国公立・私立とも大幅に増加していきます。

大学独自の奨学金・学費減免制度としてもっとも有名なものが神奈川大学の給費生制度です。

1933年から、毎年12月に給費生試験を実施しており、試験は本キャンパス以外にも札幌から那覇まで、全国22会場で実施されています。合格すると、給費生として学費相当額が給付されますし、自宅外生については年間70万円の生活援助金が給付されます。

2023年は8730人が志願し、281人が給付生として合格しています。志願倍率31倍の高倍率です。

この給費生試験の良い点は、受験して給費生としては不合格でも、一般入試免除合格が出ることです。文字通り、2月の一般入試を免除のうえで入学することができます。

2023年度は2990人が一般入試免除で合格しています。3人に1人が合格するわけで、国公立大学のすべり止めとして受験するのも良いのではないでしょうか。

ちなみに、同試験は合格最低点と個人の得点も開示してくれます。

こうした入試成績優秀者に対する奨学金は2024年現在、各大学が設けており、全部を掲載すると、それだけで本1冊分のボリュームになりますので、志望校のサイトなどで確認してみることをおすすめします。

さらに、実用英語技能検定2級など資格合格者に対する奨学金や、都市部の大学が地方出身者を優遇するための奨学金なども広がっています。

他にも、東海大学が始めたワークスタディ奨学金などもあります。これは、採用されると月2・5万円が給付される代わりに、学内での行事受付などの仕事をするというものです。働く時間は年200時間であり、時給換算で1500円。2023年度は182人が対象となりました。

同様の制度は別名称で他の大学にもあります。

こうした大学独自の奨学金は年々、変化しています。そのため、高校生は志望校候補となる大学のサイトなどで確認することが必要となります。

○ハマれば大きい民間企業・団体の奨学金

民間企業・団体の奨学金は、数としては多くありません。

そのほとんどが給付型であり、継続していくには莫大な資金と人員が必要だからです。

主なものに、トヨタグループが運営する「トヨタ女性技術者育成基金」(年60万円)、キーエンス財団が運営する「キーエンス財団奨学生」(月10万円)、「「がんばれ！日本の大学生」応援給付金」(一括30万円)、ダイソー財団が運営する「ダイソー財団奨学生」、(月5万円)、似鳥国際奨学財団が運営する「似鳥国際奨学財団給付型奨学金」(月5万円)などがあります。

トヨタ女性技術者育成基金は、採用者数が200名と多いことで有名です。

トヨタ自動車などトヨタグループ12社によるもので、理工系学部・大学院(修士)の女子学生が対象です。採用されると、奨学支援コース(任意)として年60万円を実質無利息で借り入れることができます。その返済は卒業後であり(大学院進学者は修士課程修了後)、基金を運営する

12社に入社すれば返済額が全額免除され、それ以外の製造業の企業に入社すると、半額が減免されます。

他にも、キーエンス財団は大学1年生向けの給付型奨学金（年120万円）が600人、大学2～4年生向けの奨学金（一括で30万円）が2000人と、民間企業主体の奨学金としては最大規模となっています。

このような民間企業・団体による奨学金は告知に限度があるため、高校生の認知度は高いとは言えません。

そして、応募資格があるかどうか、日本学生支援機構の奨学金との併用が可能かどうか、募集時期などの条件から、合う合わないが相当分かれます。

ただ、うまく条件に合えば、大きな手助けとなることでしょう。

○学費の高い学部・安い学部

ここからは各学部の学費について見ていきます。

次の表のように、国立大学は標準額で基本同一です。ただし、一部は標準額を超えた額になります。

公立大学は国立大学に準じた額になっています。ただし、入学金については設立した自治体（一部は複数）の住民だと入学金が低く抑えられています。

私立大学は医歯薬系学部や理工系学部、農学部、栄養系学部、情報系学部、芸術系学部、体育系学部などは高くなっています。

これは他学部に比べ必要な施設・設備などがある分、学費が高くなる傾向があります。

学費の内訳の、施設・設備費に加え実習費も見逃せません。

文部科学省データから抽出したデータの一覧がこちらです。

施設設備費は学費の高さと比例する傾向にあります。

そして、明確なデータがないために見落としがちなのが、教材費や材料費です。これらは個人で揃え

系　別	学科別	授業料	入学料
文科系	文・教育	835,587	223,686
	神・仏教	768,832	220,745
	社会福祉	792,688	218,549
	法・商・経	823,706	224,364
理科系	理・工	1,148,551	223,534
	薬	1,433,292	332,681
	農・獣医	1,033,471	250,752
医歯系	医	2,656,053	1,360,098
	歯	3,218,227	594,849
その他	家政	833,396	240,020
	芸術	1,131,010	239,945
	体育	870,889	240,072
	保健	996,528	262,142

学部別学費一覧（私立）
出典：文部科学省「私立大学等の令和5年度入学者に係る学生納付金等調査」

る必要があり、意外と高額になりがちです。特に材料費は、個人差があるとは言え「揃えた方が勝つ」世界です。芸術系学部や服飾系学部は、材料費の支出が大きくなりやすいです。

体育系学部も、授業だけでなく練習や対外試合などでシューズなどを消耗することになり、これも「隠れ学費」です。

志望校候補を決める際は、こうした「隠れ学費」も考慮に入れるといいでしょう。

○卒業までかかり続ける費用

進学にあたり、家賃・交通費は、卒業するまでずっと必要になる費用です。

大学キャンパスの徒歩圏内に住む学生以外は、大体が公共交通機関で大学に通学することになります。

なお、アパートで独り暮らしをする際、大学キャ

系　別	学科別	施設設備費	実験実習料	その他
文科系	文・教育	151,748	9,485	87,385
	神・仏教	154,518	2,101	60,290
	社会福祉	171,128	9,018	75,628
	法・商・経	136,333	5,038	64,329
理科系	理・工	109,005	30,782	39,167
	薬	310,097	28,254	73,266
	農・獣医	199,543	108,004	30,606
医歯系	医	1,063,284	290,323	1,461,294
	歯	568,631	1,121	970,255
その他	家政	183,698	46,046	108,159
	芸術	270,491	39,275	105,473
	体育	194,664	38,344	101,036
	保健	243,128	110,052	88,278

学部別施設・設備費一覧（私立）
出典：文部科学省「私立大学等の令和５年度入学者に係る学生納付金等調査」

ンパスにあまりにも近すぎると、サークルやゼミのたまり場と化すことがあります。そういうのが好きな人はいいのですが、それ以外の人は断ろうにも断れない面倒なことになるのでご注意を。かと言って、あまりにも立地の悪いアパートだと、時間も交通費もかかります。

2000年代以降、首都圏・関西圏のみならず地方でも、ターミナル駅に近い場所にキャンパスを新設または移転する大学が増えており、2024年には、北海道武蔵女子大学が開設されました。同大は短大を前身とする大学（短大も再編して存続）で、経営学部の単科大学です。

女子大への逆風が吹く時代に新設とは難しいのでは、との評価もありましたが、結果は定員超過に。これは短大時代から教育と就職に定評があったことに加えて、ターミナル駅・札幌駅に一番近い私立大学だからです（サテライトキャンパスなどは除く）。

同じ北海道だと、2021年に札幌学院大学が新札幌キャンパスを開設。同年に経済経営学部、2022年に心理学部が郊外の本キャンパス（江別市）から移転しました。新札幌・新さっぽろ駅（JR・札幌市営地下鉄）のすぐ近くにあるキャンパスへの移転の効果で、同大は志願者数が伸びました。

今後も、都市部やターミナル駅周辺への移転・新設は相次ぐと思われます。時間も交通費も節約できるので注目してみてはいかがでしょうか。

また、地方の高校生が都市部の大学に進学する際は、県人寮も候補に入れるといいでしょう。

県人寮とは、自治体が都市部（ほとんどが首都圏）に進学する学生のために設立した寮です。県人寮のメリットは、何よりも生活費を安くできることです。

寮により、個室か相部屋か、などが分かれます。共同生活が面倒、と考える高校生も多いはず。しかし、共同生活に慣れておくと自然にコミュニケーション能力が上がります。

県人寮は、募集を早く締め切るところもありますので、検討する際は注意が必要です。申し込む際は各県人寮のサイトなどを確認しましょう。

○高年収でも闇すぎて人生が詰むリスクも～薬学部・歯学部

本書はとことん、本音ベースでまとめています。

お金と進路を考えたときに、高年収を狙いたい高校生もいるでしょうし、その中には医歯薬系を検討する高校生もいるはず。

しかし、医歯薬系への進学も注意が必要です。

まずは、薬学部・歯学部系統について。

薬学部（6年生課程）は薬剤師、歯学部は歯科医師を養成する学部であり、卒業すると国家試験受験資格を得ることができます。

　薬剤師、歯科医師とも会社員よりも高年収であり、その点に魅力を感じる高校生もいることでしょう。

　そんな高校生に、進路・お金の面からアドバイスします。

「理数系科目が得意。国公立大または私立大偏差値上位校に合格できる」「受験浪人・留年・国家試験浪人を数年以上しても、学費・予備校費などを払える資金力がある」、この2条件のうち、両方該当しない高校生は、医歯薬系学部への進学は慎重に考えた方が良いです。

本項目の見出しの通り、人生が詰んでしまうリスクがあまりにも高すぎるからです。

特に、薬学部は高年収というイメージとは裏腹に大学間格差が極端です。

　2023年実施の第108回薬剤師国家試験で、国立大学の新卒者は474人が出願し471人が受験、公立大学は250人が出願、受験しました。

　つまり、国公立大学で出願しながら受験しなかった新卒者は7人しかいません。

　ところが、私立大学（56校）の新卒者は8871人が出願、受験者は7827人でした。なんと1044人もの新卒者が出願しながら受験できていないのです。

　国公立大学では1校当たりの未受験者が1人以下、それが私立大学では1校当たりの未受験者が約20人。

よっぽどひどい風邪か何かが流行ったのでしょうか。

いえいえ、私立大学だけ出願者と受験者の数に大きく差があるのは、2024年だけではありません。少なくとも2000年代に入ってからは、ほぼ同じ傾向にあります。

何が起こっているかというと、国家試験出願後の大学でのテストで、成績の良い（＝国家試験に合格しそうな）学生とそうでない学生の選別が行われているのです。

受験者を合格しそうな学生に絞り、見た目の合格率を上げるためです。

一方、留年した学生は薬剤師国家試験が終了した後に再テスト、これに合格すれば卒業となります。卒業後は、もう学生ではないので国家試験の予備校に通いながら、既卒者として合格を目指すことになります。

このように、卒業学年の試験を厳しくして薬剤師国家試験の受験者を絞る方策を取っている私立大は多くあります。

だから、出願者数と受験者数の差が国公立以上に大きくなるわけです。

この方策が段々と広まってきたこともあり、卒業学年の前年（5年生）の進級を極端に厳しくするという大学も増えています。そこまでやっても合格率が低い大学もあるわけです。

見た目の合格率を良くしようとする大学の姿勢も問題ではありますが、理数系科目の成績が悪くても「薬学部に行けばどうにかなる」と甘く考えていると、痛い目に遭うということ

大学名	偏差値	出願者数	受験者数	合格者数	合格率	出願者ベース	ストレートベース
明治薬科大学	55.0	295	285	264	92.63	89.49	79.0
慶應義塾大学	62.5	146	144	129	89.58	88.36	77.7
北里大学	57.5	255	247	215	87.04	84.31	77.1
星薬科大学	55.0	263	233	211	90.56	80.23	75.8
東邦大学	50.0	261	233	208	89.27	79.69	75.2
名城大学	50.0	266	253	245	96.84	92.11	73.3
昭和大学	50.0	172	166	158	95.18	91.86	72.9
近畿大学	55.0	139	122	115	94.26	82.73	72.8
京都薬科大学	52.5	373	341	310	90.91	83.11	72.6
大阪医科薬科大学	47.5～50.0	310	276	241	87.32	77.74	72.5
国立大学平均		474	471	426	90.45	89.87	82.4
公立大学平均		250	250	228	91.20	91.20	80.4
私立大学平均		8871	7827	6600	84.32	74.40	57.2
日本薬科大学	37.5	67	67	54	80.60	80.60	18.8
第一薬科大学	35.0	101	50	47	94.00	46.53	25.4
千葉科学大学	35.0	59	57	32	56.14	54.24	27.2
青森大学	BF	23	23	14	60.87	60.87	28.0
城西国際大学	35.0	83	71	35	49.30	42.17	30.6
大阪大谷大学	37.5	105	80	49	61.25	46.67	30.9
奥羽大学	35.0	79	78	40	51.28	50.63	34.6
松山大学	40.0～42.5	57	50	40	80.00	70.18	35.0
九州保健福祉大学	37.5～40.0	85	54	44	81.48	51.76	37.2
医療創生大学	BF	70	57	52	91.23	74.29	37.2

薬剤師合格率のベスト10・ワースト10（ストレートベース順）

- **出願者ベース：合格者数（新卒）を出願者数で割って算出**
- **ストレートベース：2017年度入学者数を2023年新卒合格者数で割って算出（留年した学生が含まれない）**

「偏差値：河合塾のもの『螢雪時代臨時増刊全国大学内容案内号』2023年度版記載」

「ストレートベース以外の数値：『第108回薬剤師国家試験　大学別合格者数』（厚生労働省）記載の数値」「出願者数・受験者数・合格者数・合格率：新卒の数値」。

です。

この合格率のカラクリ、歯学部や医学部などでも見られますが、薬学部が一番顕著です。

だからこそ、薬学部進学を考えるならば国公立や私立難関校を目指せる成績があるか、留年などをしてもそれを支えられるほどの資金力があるか、そのどちらかでなければ、薬学部受験はリスクを伴います。

4年制（薬剤師試験の受験資格は得られない）はまだしも6年制だと、学費と時間を無駄にしかねません。

なお、本稿執筆中の2024年4月、姫路獨協大学薬学部が募集停止を発表しました。今後も、Fランク薬学部は淘汰されていくもの、と見られます。

薬学部を志望するのであれば、入試だけではなく入学後の勉強に付いていけるかどうかも留意する必要があります。

○医学部地域枠は「奴隷契約」批判も

次に、医学部。

特に私立大の医学部は学費が格段に高いため、奨学金を検討する人も多いかと思いますが、ここで慎重になって欲しいのが、「地域枠」です。

医学部の地域枠とは、医学部の学費について自治体から奨学金を得ることができる代わりに、卒業後は約9年間、当該の自治体で医師として勤務することで奨学金の返済が免除されるというものです。

実質学費ゼロで医師になれる、ということの制度は2008年度に始まり、現在は国公立大学や私立大学医学部の大半で導入されています。

一般入試枠に比べて地域枠は人気が低く、その分だけ入学しやすくなっています。医学部や自治体側にとっても、医師の地域偏在格差を解消できる方策として期待されていました。

学費が実質ゼロとなる医学部は他に防衛医科大学校や自治医科大学、産業医科大学がありますす。それでも地元の国公立大学が実施している、ということで地方の高校生からは一定の人気を集めました。

ところが、この制度は「奴隷契約」とも言われています。

2017年以前、地域枠で入学し医師免許を取得したのち、地域医療に従事しない離脱者が続出しました。

もちろん、離脱には奨学金返済が必要です。

しかし、個人開業医の子弟であれば、奨学金返済の額が数千万円でも調達できない額ではありませんし、美容系病院チェーンであれば、数千万円を一時的に肩代わりするだけで医師を採用できれば安い買い物、と考えます。

他にも、地域枠で入学した学生が希望する診療科に進もうとした際に、その地域では研修施設がない（作れない）ために、別の地域・病院で研修を受けるため地域枠から離脱する、というケースも多くありました。

これでは不公平だとの意見が強くなり、2019年、厚生労働省は離脱者に対して、自治体の同意のない地域枠離脱者を研修医として採用した医療機関へ、補助金の削減決定通知をするという強硬策に出ました。

こうなると、補助金削減を恐れる病院は地域枠離脱者を研修医として採用できませんが、同時にやむを得ない理由で離脱を希望する地域枠出身医師はなすすべをなくしてしまいます。

この問題の解決に向け、厚労省は2020年、各自治体に対し、入学の条件の中に離脱を認める理由を明示するよう求め、理由の例として10項目を挙げました。

ところが、この10項目のうち退学や留年、国家試験不合格などを除いた離脱は認めない、または認めるとされていながら離脱に同意しない大学・自治体が続出します。

このあたりから「地域枠は奴隷契約ではないか」との評価が出るようになり、注意喚起をする声が高まりました。

これを受け、2023年に国立大学医学部長会議は「医学部の地域枠制度について」という動画を作成、YouTubeで公開しました。

高校生を意識した動画で、ナレーションでは「巷では本人の意思とは関係なしに地方の病院に行かされる、ライフイベントが制限されるなどネガティブな情報が流れていますが、これらは決して地域枠の本質ではありません」としています。

染矢《そめや》俊幸《としゆき》・新潟大学医学部長は「地域枠についてどうも正確な情報が伝わっておらず誤解されている点も見受けられます」「大学や自治体によっては運用の違いが若干ありますが大学も全力で皆さんをサポートします」とも語っています。

しかし、離脱を今でも簡単に認めていないこと、地域枠学生が医学部教授から低く見られるなどのアカハラ（アカデミックハラスメント）が起きていること（また、その対策が不十分）、希望する診療科の研修が不十分だった場合の特例がないこと、など、いまだに問題は多くあります。[*6]

私はいくら学費が実質ゼロだったとしても、医学部地域枠についてはおすすめできません。高校生の時点で希望の診療科がどこで、研修施設があるのかないのか、など判断することはきわめて難しいです。

学費負担を減らす形での医学部進学を目指すのであれば、離脱に対してまだ寛容な防衛医科大学校、自治医科大学、産業医科大学の3校がおすすめです。

○専業主婦（夫）志向はほとんどが無理

進路とお金関連では、専業主婦（夫）志向も見逃せません。

「好きな男の子がいて結婚願望があるので進路調査票に志望校などを書けない！」というネタは、2000年代以前の少女漫画ではよくあるパターンでした。

筆者が進路講演などを通して観察している限りでは、都市部では激減し、地方では現在でもたまに見かけます。

本書読者で専業主婦（夫）志向の方がいれば、恋人の有無に関係なく、「専業主婦（夫）志向はやめておこう」とお伝えしておきます。

専業主婦も専業主夫も、職業として否定するものでも、批判するものでもありません。

進路の専門家として申し上げたいのは、専業主婦（夫）という職種がすでに激減しているということです。

以前は専業主婦が多数だったところ、2020年代現在は兼業主婦2：専業主婦1ほどに推移しています。今後はさらに減少していくでしょう。

専業主婦（夫）は「配偶者の収入が一定以上」が前提条件になります。

都市部では住居費用・ローンが高止まりしていますし、物価が安かったはずの地方でも、ウクライナ戦争や円安、慢性的な人材不足などの影響で高騰しています。

一方で、会社員の平均年収は先進国の中では2000年代以降、伸び率が最低となっています。

こうした社会情勢の中で、専業主婦の家庭が今後も成立するのかと言えば疑問です。しかも、2000年代以降、企業・自治体の女性総合職・管理職登用や出産後のケアの充実、父親の産休・育休の整備などが進みました。

専業主婦となった後に必要に応じてパート・アルバイトをするよりも、最初から共働きで母親の側は産休・育休の際は仕事量を減らす方が、収入という点では得です。

さらに言えば、結婚し専業主婦となった後に、夫と離婚・死別となるリスクは当然ながら存在します。専業主婦から正社員として就職することは人材不足の現在でもなかなか難しいものがあります。[*7]

○ 併願で辞退だと入学金以外は返還

最後に受験料と入学前手続きについて解説します。

受験料は、私立大学だと1回3万5000円が多く、大学によっては3万円のところもあります。複数回・学部を受験（学内併願）すると、受験料が割り引かれる制度を設ける大学も増えています。

割引以外のメリットとしては合格率です。

大学によっては公にしていないものの、複数回受験（学内併願）で結果的には合格率が上昇する大学が多いようです。

例えば、法政大学は入試情報サイトで複数回受験（学内併願）について、併願なしだと合格率28・6％であるのに対して、併願3件だと41・4％で「併願によって合格のチャンスが広がります」と説明しています。[*8]

ただ、これは複数回受験で合格最低点を下げた、というわけではありません。

「合格最低点は学部・学科でそれぞれ異なるため」と法政大学は説明しています。それに加え、複数回受験で会場などに慣れる、ということもあるでしょう。

志望度の高い大学であれば、複数回受験を検討するのもいいでしょう。

合格すると、今度はどの大学に進学するか、決める必要があります。

国公立大学と私立大学を併願している場合、国公立大学の合格発表前に私立大学の入学手続き締め切り日が設定されています。

併願者の多くは私立大学の入学金など初年度納付金を振り込み、入学手続きを済ませます。

その後、本命である国公立大学・私立大学難関校に合格した場合は入学手続きを済ませた私立大学の辞退手続きを進めます。

これにより、入学金以外の初年度納付金は返還されます。1990年代以前は入学金だけでなく授業料についても返還されない大学がほとんどでした。その後、裁判となり、大学側敗訴が相次いだ結果、2000年代以降は「辞退した場合は入学金以外は返還」が大学業界の常識となりました。

国公立大学への進学を希望する場合は、入学辞退により学費は返還されるが、入学金（数十万円）は返還されないということを考えながら、入学手続きを進める必要があります。[*9]

早期対策で差をつける
大学1・2年生のための就活の教科書
（岡茂信、マイナビ出版、2022年）

大学に払う費用に意味があるかどうか、それは制度や国の問題とする評論は多い。それを全否定するものではないが、半分は個人の問題ではないだろうか。

大学在学中に学生個人の努力で価値を上げていく、そうすれば、就活でも好条件の企業に就職できる。雇用条件が良ければ奨学金の返済もしやすいだろうし、企業によっては奨学金返済支援制度を設けているのは本書にある通りだ。

個人の努力とは、大学の授業で言われたことをこなすだけではない。では、何をすればいいか、拙著（『ゼロから始める 就活まるごとガイド 2026年度版』講談社）をすすめたいが、拙著以外ではこちら。タイトル通り、大学1・2年生が就活を意識する際にどのような点がポイントとなるのか、解説している。他に『武器としての決断思考』（瀧本哲史、星海社新書、2011年）など教養や哲学に関する本も読んで欲しい。

奨学金、借りたら人生こうなった
（千駄木雄大、扶桑社新書、2022年）

武器としての決断思考
（瀧本哲史、星海社新書、2011年）

ゼロから始める
就活まるごとガイド
2026年度版
（講談社）

がんばってるのになぜ僕らは豊かになれないのか
（井上純一、KADOKAWA、2021年）

もらえる！借りる！奨学金の完全活用ガイド2022 読んで得する知って納得127のQ&A

(久米忠史・福井剛司、合同出版、2022年)

奨学金アドバイザーの著者と金融スペシャリストによる奨学金ガイド。奨学金関連の本は多いが、中立の視点で書かれているものは少ない。同書は中立の視点による、かつ、個別具体例からまとめた良書。奨学金関連は他に『奨学金、借りたら人生こうなった』(千駄木雄大、扶桑社新書、2022年)などもおすすめ。

僕らの未来が変わる お金と生き方の教室(新時代の教養)

(池上彰・監修、Gakken、2023年)

お金の教養は高校などで学ぶ機会がゼロではない。ただ、学校により温度差があり、結局は個人で身に付けるしかない。同書は池上彰氏が監修したお金について学べる1冊だ。イラストや漫画が中心なので読みやすい。
他にエッセイ漫画で『がんばってるのになぜ僕らは豊かになれないのか』(井上純一、KADOKAWA、2021年)などもおすすめ。

第4章

知ると得する
大学オープンキャンパスと
入試動向

○今や重要イベントの大学オープンキャンパス

本章では、大学進学志望者向けにオープンキャンパスや情報収集、入試の動向などを解説していきます。

まずは、大学オープンキャンパスから。

学内で実施する進学希望者向けの説明会をオープンキャンパスと呼ぶようになったのは1988年、立命館大学が初めてでした。

その後、年々大規模化していき、現在では進学希望の高校3年生だけが対象ではありません。高校1・2年生や保護者も対象とするオープンキャンパスが大半です。

河合塾の調査によると、近年のオープンキャンパスの参加学年は、高校2年が最多の67%、高校3年は次点の46%で高校1年も40%でした。[*1]

オープンキャンパスの開催時期として7月〜8月開催が多く、次に9月〜11月の秋、3月の春休みシーズンとなっています。

特に2010年代以降は、3月開催の大学が増加していきました。元々、3月は大学にとって入試が一段落し、卒業式を実施。入学式を含め年度替わりシーズンで多忙な時期です。

そのため、オープンキャンパス開催には否定的な大学が多数でした。

ところが、受験生獲得の激化に加えて、年内入試(総合型選抜・学校推薦型選抜)が増加していくと、3年生夏のオープンキャンパスでは時期として遅い、と考える大学が増えていったのです。

そこで5月〜6月開催や3月開催を実施する大学が増加していきました。

○そもそも何回行けばいい？

参加回数について、河合塾の調査では、平均3・3校です。4校が17％、5校が7％、6校以上が13％でした。

コロナ禍前、2019年の調査では、平均3・9校。細かく見ていくと大都市圏では4・6校、地方（大都市圏以外）3・2校でした。

これは都市部だと、オープンキャンパスの実施数が多いこと、地方だと実施数が少なく限られることや進学意識の高低も影響しています。

オープンキャンパスは面白いプログラムも多く、進路を考えるうえで参考になるので、参加をおすすめします。

結局何校行けば良いの？　と思う方もいるかもしれません。高校1・2年の間に最低3回、高校3年時に最低2回を目安としたら良いのではないかと思います。

なお、この回数は対面実施のものだけでなく、オンライン開催も含みます。

○時期と学年で性格は変わる

なぜ、高校1・2年生と高校3年生と、オープンキャンパスの参加数を分けるのでしょうか。

それはオープンキャンパスは参加学年と実施時期で性格が大きく異なるからです。

高校1・2年生や3年生5月ごろまでだと、まだ受験勉強に焦ることもなく、情報収集の場として色々見て回る余裕もあります。

しかし、高校3年生の、それも夏休み時期となると、年内入試（総合型選抜・学校推薦型選抜）の実質的なスタートとなります。

特に私立大学は年内入試に対応するため、模擬面接や模擬授業、学部学科ガイダンスなどの参加を推奨（または参加必須）しているところが増えています。

年内入試を受験する高校3年生はオープンキャンパスでものんびりしている余裕がありません。

こうした状況を考えると、高校1・2年は志望校候補を探すための機会、高校3年生は志望校候補はある程度決まっていて、より合格に近づくための機会と定義することができます。

時期と学年によるオープンキャンパスの性格の違いをうまく使い分けるといいでしょう。

○国公立大学はひとまず予約が吉

オープンキャンパスには、事前予約が必要なものと当日参加が可能なものがあります。コロナ禍以前は当日参加を認める大学がほとんどでした。

ところが、コロナ禍以降、事前予約制をとる大学が大幅に増加します。2024年現在、私立大学では中堅校や地方大学だと当日参加を認めるところが多く、国公立大学や私立大難関校だと事前予約が多くなっています。

特に国公立大学は夏のオープンキャンパスだと開催が8月でも予約受付は6月から始まる大学もあるほどです。

ここで、のんびり構える高校生は「8月の予定なんてまだ先。部活がどうなるか分からないし、おばあちゃん家に行く予定もあるし。決まってから予約しよう」と考えます。

それで予定が決まりだした7月下旬に改めて予約しようとすると、満席御礼で参加できない、というケースが非常に増えました。

そのため、国公立志望の高校生はオープンキャンパスについて予約受付が始まったらできるだけ早く予約することをおすすめします。[*2]

それで、後から部活などの予定が入ればキャンセルすればいいのです。

国公立大学のオープンキャンパスはコロナ禍前から難関校だけでなく中堅校でも年々、参加者が増加。担当教職員はパンク状態となることも珍しくありませんでした。

そこでコロナ禍以降、感染対策を理由に事前予約制に変更する国公立大学が続出したのです。これは感染対策と言いつつ、実際は人数制限をすることで調整をする方が主だった模様です。

コロナ禍が収まったはずの2024年現在も、同様ですので、くれぐれも早期の予約をお忘れなく。

○実施パターンも参加の仕方もそれぞれ

オープンキャンパスの実施パターンは大学の規模、それから目的によって様々です。

主に次の4種です。

大規模イベント型：複数学部のプログラムを1日がかりで実施／参加者は希望するプログラムだけの参加が可能

中規模イベント型：複数学部のプログラムを半日～1日で実施／参加者は希望するプログラムだけの参加が可能

パッケージ型：中小規模校がプログラムを通しで参加するように実施／参加者は

途中参加・途中抜けは可能

単一目的型：プログラムが1つのみで他は資料コーナーがある程度／参加者は目的が合えば参加

大規模イベント型は早稲田大学、近畿大学などの大規模校が1日がかりで展開するオープンキャンパスです。複数学部のプログラムが同時並行で実施されるので、どのプログラムに参加するか迷うことになりやすいです。

中規模イベント型も基本は同じです。実施大学としては中規模校が多く、大規模イベント型ほどプログラムは多くありません。そのため、大学によっては半日程度で終了します。

パッケージ型は小規模校に多く、最初から最後までパッケージとしてすべて参加して欲しい、とするオープンキャンパスです。こちらも、半日程度で終わることが多いです。途中参加または途中抜けすることは可能です。ただし、大規模イベント型・中規模イベント型のように、同時並行で複数のプログラムを実施するわけではありません。そのため、全部参加するのか、それとも、途中参加・途中抜けするか、どちらかになります。

パッケージ型は中〜大規模校でも、単一学部のみの実施の際に採用されています。

単一目的型は、模擬授業だけ、キャリア講演だけなど、決まった目的・プログラムを実施、他は資料配布コーナーがある程度で、終了したらすぐ解散となります。

例外としては、東洋大学の「〝学び〟LIVE授業体験」（模擬授業を複数開催／毎年6月ごろ実施）、近畿大学・同志社女子大学・摂南大学などで実施の「オープンキャンパス模試」（模試を実施、終了後に解説／または終了後に解説動画を限定公開）などは単一目的型でありながら規模は大きく、時間もやや長めです。

○保護者の参加は？

河合塾の調査によると、オープンキャンパスへの同伴者は、保護者46％、友人27％、1人26％でした。学年別ですと、同伴者ありが1・2年生82・0％、3年生78・5％と多数を占めています。

筆者もオープンキャンパスの取材・見学に行くと、保護者の参加が年々増えていると感じます。特に女子大は母娘での参加がほとんどで、独特の光景と感じています。

大学側も大規模校中心に保護者向けのプログラムを充実させるようになりました。

私は1人で行くか、保護者や友人などの同伴者がいるか、それはどちらでもいい、と考えます。1人で行って好きに回るのもいいでしょうし、親子や友人であれこれ話をしながら回るのもいい思い出になります。

ただし、高校1・2年生で1回、高校3年生で1回、このくらいはそれぞれ1人で行ってみてはどうでしょうか。

アドバイスしてくれる保護者や友人はいつまでもいるわけではありませんし、い続けたとしても最後は自分1人で考えて答えを出す必要があります。

それから、高校3年の総合型選抜・学校推薦型選抜だと前記のように夏のオープンキャンパスが実質的なスタートとなります。

同時期に参加する同級生が多く一緒にならざるを得ないならともかく、そうでないなら、友人や保護者と一緒ではなく1人で行ってみることをおすすめします。

○交通費補助・長距離送迎バスはどこまで使う？

地方大学の一部では、遠方から参加した場合、交通費補助制度や長距離の無料送迎バスを用意しています。

交通費補助については、北海道で多く、それ以外の地方私立大学でも一部が導入しています。

交通費全額ではなく一定額を支給という形が多いようです。ただし、一部の大学では国内なら全額出すところもあります。

対象は受験生本人が多数で、一部は保護者に対しても支給しています。

遠距離の送迎バスについては、1999年の高知工科大学（当時は私立、現在は公立）が最寄り駅だけでなく、四国3県と岡山県の4地点から出したのが初と言われています。公立化した後も2023年は大阪・三宮・広島や四国各地など22地点から送迎バスを出しています。

遠距離の送迎バスは事前予約制がほとんどで、保護者の同伴は認める大学、断る大学、それぞれ分かれます。

交通費補助も遠距離の送迎バスも、大学側はなんとか受験生に来て欲しい、できれば入学して欲しい、との思いから実施しています。

高校生にとって、特に遠方の大学であるほど交通費の負担が重く、オープンキャンパスへの参加を諦めるか、というところに交通費補助・送迎バスがあれば参加しよう、となります。

問題はこの制度を悪用してしまう高校生が一定数いる点です。

以前、西日本の短大が家族も含めて全額を負担する旨を出したところ、悪用する家族が続出。その後、この短大は募集停止となりました。

この交通費補助を受けるには、確認書類として領収証が必要な大学もあれば、生徒手帳・印鑑のみで一律支給の大学もあります。

A大学では領収証を提出、近隣のB大学では不要なのでそちらでは生徒手帳などを見せるだけ。そうすれば、2校から交通費補助を貰えることになります。

こうした悪用があるとはいえ、大学側が交通費補助や長距離の送迎バスを出す以上、あとは高校生側のモラルに任されます。

仮にオープンキャンパスへの参加意欲が低い状態で利用しても、違法ではありません。交通費補助のあるオープンキャンパスに参加した後観光するのか、あるいは他大学のオープンキャンパス（交通費補助なし）に参加するのか、それは個人の自由です。大学としては止めようがありません。

ただ、筆者としては「貰えるものは全部貰っておこう」という発想をしてしまうのはあまりおすすめできません。いくら無料と言っても、ある程度の節度や謙虚さは必要ですし、オープンキャンパスではきちんと話を聞く姿勢が必要です。

志望校候補となり得る大学で交通費補助・送迎バスがあれば、利用するのはいいでしょう。志望校候補となり得ない大学であれば、いくら無料と言っても、やめておくことをおすすめします。

なお、交通費補助について、経路は自由ですが（いくら遠回りしても上限は同じです）、送迎バスは集合場所・地点が決まっています。

片道キャンセルを認める大学であれば、行き・帰りのどちらかをキャンセル。自己負担となりますが、寄り道しつつ鉄道やバスなどで移動してはどうでしょうか。

特に志望度の高い大学であれば、大学所在地の街を知るのは有効です。そうでなくても、観光などをして回るのも面白いと思います。[*3]

○ 行くと得するプログラム

対面式のオープンキャンパスのプログラムは多く、どれに参加するか迷うことでしょう。気になったものに参加していくことになります。

あまりおすすめしないのは、大規模校のキャンパスツアーです。キャンパスの雰囲気を知る、という点で有効なプログラムですし、時間のムダとまでは言いません。ただ、大規模校だと参加希望者が多すぎます。参加できても、ツアーガイドを務める学生の話が聞けず、ただ歩き回るだけ、というケースも珍しくありません。

それに中規模以上の大学だと、オープンキャンパス開催時には学内の要所に学生スタッフを張り付けています。キャンパスツアーに参加せずとも勝手に回って、気になることがあれば質問していく、オリジナルのキャンパスツアーの方がより雰囲気を知ることができます。

オープンキャンパスで参加した方がいいプログラムは以下の通りです。

入試解説講座：一般入試志望者向け。本来なら予備校に費用を払って情報を得られるところ、オープンキャンパスでは無料となります。入試担当の教職員か、学外から招へいした予備校講師などが解説していきます。

模擬面接：総合型選抜・学校推薦型選抜の志望者向け。本番さながらに面接を実施。終了後に、どこが良くてどこがまずかったか、などをフィードバックしてくれます。模擬面接は高校でも実施しますが、面接官役は普段どこかで接点のある高校教員です。その点、オープンキャンパスの模擬面接は普段、接点がほぼない大学教職員が面接官役となります。緊張感は高校の模擬面接とは大きく異なりますので受けておくといいでしょう。

学部・学科の概要説明：名称通りで学部・学科の概要を説明。高校生が「どうせパンフレットと同じ説明でしょ」と参加したがらないプログラムです。後述しますが、総合型選抜・学校推薦型選抜はその大学・学部でどういう勉強をしたいのか、話せないと合格できない時代となっています。パンフレットを読んでも理解できない部分を説明していくのがこのプログラムです。できるだけ参加することをおすすめします。

模擬授業：大学の授業の模擬版。通常授業よりも短い時間で、高校生が理解しやすい内容にしている大学が多数。その学部・学科での勉強に関心を持てるかどうか、確認する意味でも参加するといいでしょう。

キャリアセンター・就職課による就職状況の説明：高校生の参加者が極端に少ないプログラム。保護者がやたらと目立つ。キャリアセンター・就職課の職員か、キャリア担当の教員が説明する大学がほとんど。まれに、学外の就職情報会社などを招く大学もあり。卒業後にどうなるか、知ることのできるいい機会なので参加しておきたいプログラムです。ちなみに筆者もたまに大学から依頼されてこのプログラムであれこれ話します。

体験型プログラム：モノ作りを体験する、学内の施設を見学するなどのプログラム。受け入れ人数に限度があるので、事前予約で受け付けまたは、当日に先着順で受け入れになります。大規模校で事前予約制だとすぐ満席になることも。

○面倒でも行きたい相談コーナー

筆者が高校生に強く勧めているのが相談コーナーです。

教職員が進学相談に乗るコーナーで、大学によっては学生スタッフが相談に乗るところもあります。

難関校や国公立大学だとそこそこ（というか、結構）人気のプログラムで、1、2時間待ちも珍しくありません。

ところが中堅以下の私立大学となると、途端に不人気となるプログラムです。大学によっては、お茶を飲みながら教職員と話すプログラムに強制誘導しているところもあります。

こうしたプログラムでは「何を話せばいいか分からない」「変な質問をして怒られたらどうしよう」と考えてしまう高校生の感想をよく聞きます。

普段接点のない社会人から「何でも質問して」と言われても、戸惑う気持ちは理解できます。

ただ、教員側も高校生がうまく話せないことなど理解したうえで相談コーナーにいますし、進路について考えがまとまっていないことも理解しています。

「進路がよく分からない」「やってみたいことがはっきりしない」「やってみたいことが複数あってうまく整理できない」などの内容でも、何かは答えてくれます。むしろ、接点がない分、客観的に「それはうちの大学（学部）でできる」「それはうちより××大学の△学部が向いている」などのアドバイスをしてくれます。

せっかくの機会なのでぜひ、参加するようにしてください。

なお、この相談コーナー、親子で参加すると結果的には保護者ばかりが質問して高校生本人は横でうなずくだけ、というケースが多いです。

筆者としては、できるだけ高校生1人で参加することをおすすめします。

実はこの相談コーナー、広い意味では模擬面接の変化球版とも言えます。

つまり、面接では誰が面接官役となるでしょうか。当然ですが、その大学の教職員です。つまり、高校生よりもはるかに年上です。

社会人とのコミュニケーションに慣れていれば話は別ですが、大体の高校生は慣れていません。相談コーナーでは、教職員にあれこれ質問する中でコミュニケーションの経験を積むことができます。これは広い意味での模擬面接とも言えるわけで、こうした点でもおすすめです。

○部活などでうまく調整できない場合

オープンキャンパス関連で「参加したいけどできない」と悩む高校生は一定数います。そんなお悩みにもお答えしていきましょう。

例えば、部活と重なってしまった、など。部活を頑張る高校生の多くがぶつかる悩みかと思います。

答えは一択で部活をさぼってオープンキャンパス……ではなく。

オープンキャンパスを無視して部活を最優先……でもありません。

部活も大事ならオープンキャンパスも大事。

同時進行で複数の予定をこなしていくことをマルチタスクと言います。

これは社会人なら誰でも経験のある話です。どれか一つの仕事・予定をすれば十分とはなりません。

高校生も同じです。勉強をしつつ、部活があり、進路のことだって考えなければなりません。時間がままならないことにいら立つかもしれません。が、それもマルチタスクの能力を身に付けるための助走期間なのです。

では、部活とオープンキャンパスをどう調整するか?

部活の予定が県大会の決勝ということであれば、部活を優先した方がいいでしょう。

では、全体の練習などではどうでしょうか？　例えば、午前中は休んでオープンキャンパスに参加。その後、高校に戻って午後の練習には参加、という折衷案が考えられます。全部休むと部活の先生や仲間もいい顔をしません。が、半分は出る、ということであれば納得してもらえる可能性は高いのではないでしょうか。

どうしても参加したいオープンキャンパスがあって、それが部活などの予定と完全に重複している、という場合はどうでしょうか。その場合は、部活を優先するにしても、オープンキャンパスは家族に代理で参加してもらう、という手もあります。

○ 地方から参加しづらい場合

部活などとの予定が重複しなくても、地方からは参加しづらい、という声もよく聞きます。コロナ禍以降だと、オンラインによるオープンキャンパスや進学相談会を実施する大学が増えました。先ほど紹介したように、交通費補助や長距離の送迎バスを設ける大学があるので、そうした制度を利用するのは有効です。

次の項目で説明しますが、YouTubeを活用する大学も増えてきました。

このように、オープンキャンパスに参加できなくても、代替となる手段は複数ある時代なのです。

もちろん、オープンキャンパスはイベントとして楽しいものです。部活であれ、遠方であれ、様々な理由により参加できないことを残念に思う高校生もいるでしょう。

何かができないときはできない理由を嘆いてもできないままです。それよりも、両取りはできるのか、できないなら少しでもプラスになる方法は何か、考えていく方が前向きです。

そして、この方が得るものは多くなります。

これはオープンキャンパスに限りません。大学進学後も社会人となった後も同じです。

○志望校候補ならYouTubeのチャンネル登録を

ここからはオープンキャンパス以外での情報収集について解説していきます。

まずは、YouTubeから。

これは大学に限らず、短大・専門学校でも同じく、YouTubeに志望校候補となる学校の公式チャンネルがあればチャンネル登録をおすすめします。

仮に、そのチャンネルが更新がろくにされていなかったり、登録者数が数百人以下だったりしてもです。

たとえ今現在は放置状態だったとしても、ある日急に更新に力を入れだすことが、2020年代以降増えています。

これは、コロナ禍で各大学がオープンキャンパスの代替手段としてYouTubeに注目したからです。さらに、コロナ禍が収まってきても、対面式のオープンキャンパスとは別に広報手段の一つとしてYouTubeを活用する学校が増えています。

学部学科の概要や入試の解説、学生インタビューなど、その内容は様々です。

高校生読者の皆さんはご存じのように、YouTubeのチャンネル登録はお金がかかるものではありません。おもしろ動画や猫動画を見るだけでなく、進路情報探しのツールとしてもYouTubeを活用してみるといいでしょう。

○合同説明会や分野別ガイダンスも使える

大学教職員が高校生に説明をする、という点でオープンキャンパスに似ているのが合同説明会や高校内の分野別ガイダンスです。

合同説明会は複数の大学が会場でブースを設置、高校生に説明をしたり、質問を受け付けたりするイベントです。

高校によっては、進路行事の一環で開催に合わせてバスで学年全員が参加、ということもあります。

合同説明会のメリットは、同じ会場で複数の大学の話を聞ける点です。イベントによっては、予備校による入試解説や著名人の講演などもプログラムとしてあります。

一方、デメリットとしては細かい話を聞いても答えてくれない可能性がある点です。合同説明会で参加・説明するのは入試広報の担当職員です。そのため、個別の学部・学科について細かい部分までは答えられないことがよくあります。

もっとも、高校生がしそうな質問はきちんと把握した上で参加している大学が多いので、そこまでデメリットというほどではないでしょう。


合同説明会と似ているのが、高校内での分野別ガイダンスです。

分野別に関連の大学（または短大・専門学校）を高校に招き、分野の話と併せて自校の宣伝をするイベントです。全部で2回転か3回転して、その前に全体の進路講演を組み込むのがよくあるパターンです。

この分野別ガイダンスも、まとめて複数の学校の話を聞けるので高校生にとっては便利です。

合同説明会や分野別ガイダンスは、せっかく遠方から大学の教職員が来る（オンライン参加もありますが）機会ですから、気になることを質問するといいでしょう。

特に、5章で解説する総合型選抜・学校推薦型選抜の面接対策として、志望する学部・学科について、関連の入門書や話題のテーマを聞くことをおすすめします。

○情報は古くさい紙媒体からでも

ここからは、情報収集について解説します。

今どきの高校生たちは、塾講師などが解説する勉強動画をよく見ていることでしょう。

そこから、大学受験関連の動画を見ている人も多いはず。

一方で、高校生は紙媒体から情報を得ようとしません。特に新聞となると壊滅的になってしまいます。ネットメディアやYouTube、本、雑誌、新聞など、どれが上でどれが下、と決めつけることくらい、不毛なことはない、と考えます。

それぞれ、高校生にとって有効な部分を使って行けば、志望校合格につながるのではないでしょうか。

というわけで、紙媒体についてです。

まず、高校の進路指導室にほぼ必ず置いてあるのが、『螢雪時代臨時増刊』シリーズ（旺文社）です。特に、「全国大学学部・学科案内号」（4月）、「大学入試推薦&総合型合格対策ガイド」（7月）、「全国大学内容案内号」（8月）、「全国大学受験年鑑推薦&総合型」（9月）、「全国大学受験年鑑一般選抜ガイド」（11月）は揃えているはず。「進路決定　資格・職業・奨学金ガイド」（6月）も有効です。

「全国大学学部・学科案内号」は志望校候補の学部・学科の概要、それから関連学部・学科を探すのに便利です。

「進路決定　資格・職業・奨学金ガイド」は、特に資格情報が充実しています。大学のパンフレットやサイトなどで出ている資格がどのようなものか、調べるのに適しています。

総合型選抜・学校推薦型選抜を受験する方は7月刊行の「合格対策ガイド」、9月刊行の「年鑑」が役に立ちます。特に「合格対策ガイド」は過去問や対策が網羅されています。

「全国大学内容案内号」は大学情報の網羅本です。基本情報が網羅されており、新入生総数と学部の定員を確認すると、その大学の入学定員充足率が計算できます。小規模校を志望する際は確認が必要です。なお、一部の情報を非開示にしているところがあります。そういう大学は情報開示の意味を分かっておらず不誠実、とも取れますね。

「螢雪時代臨時増刊」の関連本として出ているのが『大学の真の実力情報公開BOOK』（9月刊行）です。こちらは地元出身率や男女比など情報が盛りだくさんです。

「臨時増刊」シリーズの本体となるのが月刊の「螢雪時代」です。こちらは、「臨時増刊」シリーズのように、どの高校も購入しているわけではありません。1932年創刊の受験雑誌で、2024年現在、月刊の受験雑誌として唯一の存在です。

戦後は受験情報のトップランナーとしての勢いがありましたが、2000年代以降は衰退していきます。

2024年現在、置いてある書店はよほど大型店に限られています。高校の進路指導室でも定期購読をしているところは多くありません。

ただ、2020年代以降、入試が大きく変化しており、受験対策という点では有効です。特に国公立大志望者は読んでみるのもいいのではないでしょうか。

大学受験ガイドとしては『大学ランキング』(朝日新聞出版)も有名です。1994年の創刊以来、2024年で31年目を迎えました。タイトル通り、各種ランキングを網羅しており、こちらも定期購入をする高校が多くあります。

○入試で得する朝日、入試コラムと読売、英語面

新聞は社会や探究の時間などで登場するものの、多くの高校生からすれば「読み方がよく分からない」「ネットで十分」というところでしょう。

ここでは、新聞による情報収集に絞って解説します。

全国紙は必ず教育面を設けており、掲載日には関連の記事が必ず載ります。

［おすすめの紙面］

朝日新聞：教育面（日、月、火、水）、教育・明日へのLesson（木）、教育・科学（金）、くらし・働く（月）

読売新聞：教育（火、水、木）、英語（月）、就活（月）、科学（土・日）

毎日新聞：教育（月）、環境（火）、医療（水）、科学（木）、社会保障（木）、大学最前線（第3火曜日）

日本経済新聞：教育（月）、ダイバーシティ（月）、法税務（月）、大学（水）、経済教室（月～金）、マネーのまなび（土）、医療・介護・健康（土）、科学（日）

日経MJ：月・水・金（日経の関連新聞で商業関連が中心）

中日新聞、北陸中日新聞、東京新聞：日曜ワイド面

教育面のうち、読売新聞の火曜第3週は「大学最前線」、日本経済新聞の水曜は大学面でそれぞれ大学関連記事が必ず掲載されています。

日本経済新聞であれば、毎日読まずとも水曜だけ、それも大学面だけ読むと大学関連の情報を入手することができます。

もちろん、ネットでも関連記事は読むことができます。

ただし、ネットの元記事はその大半が新聞記事です。それ以外は根拠が曖昧であることもあります。

それから、YouTubeだと元記事の内容を大幅に削ったうえで配信者の見解を加えるため、別の話にすり替わることもあります。

2023年に女子大2校が募集停止となった後、私は募集停止のシグナルとして「偏差値が極端に低いかつかない状態」「一般入試の倍率が1・5倍以下」「入学定員充足率が60％台か、それ以下」の3点が合わさると危ない、という記事をYahoo!ニュース エキスパートに出しました。

ところが、その後、とある教育系ユーチューバーの方がこの記事に一部触れたうえで「一番、信頼できるのは偏差値」という見解を示す動画を配信されていました。

記事では偏差値だけの判断は危ういことを示したのですが、動画では完全にスルー。これでは論調がまるっきり異なります。引用元にあたる、という習慣をつけることは、進路選びに限らず大切なことです。

正確な情報を知る、という点で新聞はすぐれています。

教育面のうち、朝日新聞の教育面で毎週木曜の「明日へのLesson」は大学受験の関連情報が多い、と言えます。

「明日へのLesson」は第1週がブック（古典・哲学の解説）、第2週がスタイル（著名人や専門家へのインタビュー）、第3週がクエスチョン（入試題材の解説）、第4週がキャンパス（大学教員へのインタビュー）となっています。

第3週の「クエスチョン」。これは、大学入試を題材に予備校講師や大学教員、高校教員、特別編では題材となった文章の作家・評論家が解説する回です。

題材となる大学入試は東大、京大など国立大2次試験が半数以上で、センター試験・共通テストや私大などもあります。

2019年4月に始まったこのシリーズ、筆者も全て読んでいますが、大学入試だけでなく社会の変化なども知ることができる、優れたコラムです。

国公立志望でなかったとしても、毎週読んでおくといいのではないでしょうか。

第1週の「ブック」も、古典文学・哲学の解説なので、現代文や政治経済の勉強にもなります。

このように、新聞は全部読まなくても問題ありません。必要な記事だけ読んで、他の部分はパラパラめくる程度で十分です。

他にも、読売新聞の英語面や各紙の科学面など該当する記事がありますので、読んでみるといいでしょう。

○女子大は時代遅れか

2023年は恵泉女学園大学（東京都）、神戸海星女子学院大学（兵庫県）の2校が募集停止となり、「女子大氷河期が到来」と話題になりました。

他にも神戸親和女子大学（兵庫県）と鹿児島純心女子大学（鹿児島県）が共学化・校名変更、2023年には学習院女子大学が系列の学習院大学と統合する計画を発表（2026年）、2024年には4月までに名古屋女子大学（愛知県）・東京家政学院大学（東京都）・神戸松蔭女子学院大学（兵庫県）・園田学園女子大学（兵庫県）の4校が共学化・校名変更をそれぞれ発表しています。

わずか2年で9校が女子大としての看板を下ろす決定をしたことになります。女子大が学生獲得で苦戦しやすいのは母数の少なさという前提条件だけではありません。小規模校が多い（大規模校の方が選択肢が多くて有利）、家政系や児童教育系、栄養系、福祉系など不人気学部・学科が多い、共学志向が強いなど、女子大にとって悪条件が多すぎる時代になってしまったのです。

加えて、大学広報が弱く、メディアに対してアピールできていません（これは共学校も同じですが）。

ただ、大規模校を中心として女子大は女子大のままでも生き残りをかけて大学改革を進めています。

その一環が学部の新設です。これまで女子大では少なかった経営系・法律系学部や建築系学部、情報系学部などを新設しています。

さらに、学部新設まではいかずとも、キャリア形成のための就職指導も変わってきています。

もともと、女子大は一般事務職就活では有利とされてきました。その反面、総合職（本書でたびたび出ている意味とは別で、男女平等で昇進や転勤なども伴う職種）は志望者がそもそも少ないと言われていたのです。

しかし、女子学生のキャリア志向は女子大も例外ではなく、2010年代以降は「総合職も一般職も」と変化しています。2024年現在も基本は同じであり、一部の大学や学科・専攻ではほぼ全員がキャリア志向、というところもあります。

女子大は不人気になったとは言え、教育の質が落ちたわけではありません。女子高校生であれば、女子大も志望校候補としてもいいのではないでしょうか。[*4]

○大学の不祥事は入試にマイナス？ プラス？

2023年夏に日本大学アメリカンフットボール部で違法薬物事件が発生。部員の逮捕者が出てしまいました。そこから事態は長期化し、私学助成金の全額不交付（2021年からの継続）、学長・副学長・常務理事の幹部3人が辞任にまで追い込まれました。

この不祥事の影響は大きく、2024年度入試で日本大学は一般入試の志願者数で約2万人もの減少となってしまいました。

この事件から、大学の不祥事が受験動向にどの程度、影響が出るのか、そもそも志願しても問題ないのか、気になる高校生もいるかと思いますので解説していきます。

まず日大ですが、アメフト部の不祥事は日大全体からすればごく一部分でしかなく、教育の質が落ちたわけではありません。

筆者は2023年、この問題でテレビ等の出演が100回を超えました。その取材のときにほぼ毎回聞かれていたのが、就職への影響です。

テレビとしては、アメフト部の不祥事で就職も悪影響を受けた、というストーリーに仕立てる思惑があっての質問かと思います。

答えは、「全く関係ありません」。これは2024年現在も同じです。売り手市場が続く中で日大を無視できる企業はほぼ皆無です。

日大生が極端に卑屈にならない限り、他大学生と同様に内定を得ることが可能です。

そもそも日大は、総資産が7800億円もある巨大な学校法人です。私学助成金（約90億円）

の3年連続不交付は不名誉ではありますが、それですぐ学費を値上げしたり、経営が行き詰ったりすることはほぼありません。

志願者が減ったのは不祥事そのものよりも事後の対応のお粗末さ、それと総合大学でありながら単科大の集合体という特殊な実態が露呈してしまった点にあります。

前者は、そもそも単なる運動部の不祥事であり、同時期に朝日大学や東京農業大学、近畿大学などでも運動部の不祥事が起きています。ところが3校はいずれもすぐに収束し、日大だけが長期化しました。

この点を不公平、と公言する経営幹部もいて、それが事態を混乱させる元になってしまいました。3大学は不祥事が起きた後、すぐに謝罪した上で事態の収拾に動きました。ところが日大はメディアの取材に高飛車に対応。しかも、時間の経過とともに大学関係者が隠ぺいしようとしていたことが判明します。特に、検事出身の副学長が違法薬物である可能性が高いことを承知のうえで大学に保管し続けたことは、あまりにも対応としてはお粗末でした。こうした収拾があまりにも下手だったことが受験生離れを引き起こしてしまいました。

それと、日本大学は総合大学でありながら、本部のあるキャンパスに学部がない（通信制のみ）、1学部1キャンパスで独立性が高い（例外は三軒茶屋キャンパスの危機管理学部・スポーツ科学部）、という単科大の集合体のような特徴があります。

在学中に他学部の学生と会ったことがない、と話す学生が極端に多いのも日大の特徴です。これでは総合大学に進学する意味がありません。このあたりも含めて受験生に敬遠されるようになったのではないでしょうか。

ただ、繰り返しますが、日大の教育の質が落ちたわけではありません。個々の学部・学科で気になるところがあれば志望校候補とするのもいいでしょう。

大学の不祥事について話を戻すと、運動部の不祥事は志願者動向にそこまで影響しません。報道されても一過性のものですし、そもそも多くの学生にとって運動部とは特に関係ないからです。

大学の不祥事で志願者動向に深刻な影響を与えるのは、中小規模校です。

経営陣が対立すると大学経営に必要な決議ができなくなる可能性が出てしまいます。

医療事故が相次いだとある大学は、大学病院の職員や医師の給料を大幅にカット。その結果、この大学の看護学科は近隣のライバル校に比べて低い水準で推移しています。

私学助成金の不交付や大幅減額についても、日大のような大規模校なら深刻な影響にはなり得ず、学費値上げにつながることはありません。

しかし、中小規模校で学校法人の資産がごくわずかである場合、これは学費値上げや人件費の大幅な削減につながる可能性があります。

大学の不祥事については、大学の規模により事情が異なる点を併せて志望校候補の決定に生かすといいでしょう。[*5]

○定員割れ大学はどこからが危険か

2023年に2校、2024年は4月現在、ルーテル学院大学（東京都）、高岡法科大学（富山県）が募集停止を公表しました。

今後も、小規模校を中心に募集停止を決断する大学は相次ぐもの、と見られます。

2023年、日本私立学校振興・共済事業団は「令和5年度私立大学・短期大学等入学志願動向」を公表しました。これによると、私立大学（600校）のうち53・3％が定員割れとなりました。

この「半数以上が定員割れ」が独り歩きしてしまい、ネット上では「だから不要な大学は潰せ」などと飛び火しています。

これはやや言い過ぎで、「定員割れ＝即危険」というわけではありません。定員に1人でも達しなかったら定員割れとなるわけで、そうした大学まですぐ潰れるかのように論じるのは無理があります。

それに加え、大学は学校法人が経営しており、大学が赤字でも他の学校が黒字、または株式や土地などを所有していることで全体では黒字、というところもあります。

単純に定員割れだから危険、ではなく、大幅な定員割れになってくると危険なのです。

では、具体的にどれくらいか？　私は60％未満と考えています。

２０００年から２０２４年４月までに募集停止を公表した大学は19校（他大学との統合などは除く）。うち13校は直近の入学定員充足率が60％未満でした（1校が60％台、2校が70％台、3校が80％台）。

60％を割り込むと大学経営の継続が難しい、と判断する大学が多いことを示しています。

先ほどの日本私立学校振興・共済事業団データによりますと、60％未満の大学は58校。それと、60％以上70％未満の大学は34校。合わせて92校は志望校候補とするかどうか、慎重な検討が必要です。

仮にですが、入学後に募集停止となった場合、大学はどうなるでしょうか？

すぐ他大学と統合しない限り、大学は募集停止後も存続、学生に卒業するまで教育を展開する必要があります。

ただ、現実問題として、大学教職員はどんどん辞めていくので他大学ほどの教育の質は期待できません。

特に、運動部の活動を大学でも続けたい場合は注意が必要です。特に野球やサッカーなど集団競技の場合、大学が募集停止となると後輩が入学してこなくなります。つまり、最終学年となると競技者が少なく、大会出場ができなくなってしまいかねないのです。

そもそも、ひどい定員割れを起こす大学は募集停止を決めた年だけでなく、それ以前から続いています。

大学入学後も競技を続けたい高校生は定員割れの経年変化を調べておいた方が良いでしょう。[*6]

○入学と卒業が別大学で偏差値アップという裏技

入学した時は難関大とは言えなかった。でも、卒業時にはなぜか、入学時よりも偏差値が10ポイント以上アップした。こんな不思議かつ、お得なことが大学入試では起こり得ます。

2024年だと学習院女子大学が該当します。国際文化交流学部のみの単科大学で2023年の倍率は1・5倍でした。それが2024年、11・4倍と急に高倍率になりました。

前年はほぼ全入状態だったのに、なぜ2024年は激戦となったのでしょうか。

その理由は、2023年の発表にあります。学習院女子大学は同じ学校法人傘下の学習院大学と2026年に統合することを発表しました。

2024年・2025年入試は学習院女子大学として実施、それで2026年になると、学籍が学習院女子大学から学習院大学へと変更になります（学部は変更なし）。

卒業も学習院大学となります。学習院女子大学の偏差値は45、学習院大学は55前後か、それ以上。

入学時の偏差値と卒業時の偏差値が変わる、というのはこういうカラクリです。

なお、学習院女子大学としての入試は2025年が最後となり、2026年は学習院大学としての実施になる見込みです。本書刊行は2024年ですので、同年の高校3年生女子の方は学習院女子大学を志望すると、ちょっとだけ得をします。もっとも、2024年以上に高倍率となることは確実なので要注意です。

このような私立大学の統合は同一学校法人のもの以外にも、共立薬科大学（2008年、慶応義塾大学）、聖和大学（2009年、関西学院大学）、聖母大学（2011年、上智大学）などがあります。

「入学と卒業が別大学」で他に多いのが私立大の公立化です。

2009年に高知工科大学が公立大学に転換、その後、2024年時点で、他に11校が公立大学となりました。

こちらも入学時点では私立大学でも卒業時は公立大学となり、倍率や偏差値も大きく引きあがります。

2024年現在、5校が公立化転換を自治体側に要請しています。

ただ、公立化転換を自治体に要請したから必ず公立化になるわけではなく、過去には新潟産業大学（新潟県）、姫路獨協大学（兵庫県）の2校が公立化を表明しながら断念に追い込まれています。自治体からすれば、私立大学を公立化するとその分だけ学生が安定して集めることができます。

一方、運営費は国の負担としても、校舎の建て替え費用などは自治体負担となります。自治体からすれば、大学を残すかどうか、財政負担なども考える必要があります。

今のところ、公立化を表明した5校のうち、東北公益文科大学（山形県）、九州看護福祉大学（熊本県）の2校は地元自治体が公立化にも前向きです。

もっとも、公立化の時期は不明ですし、公立化転換を期待して入学しても卒業するまで議論が続いていた、ということもあり得ます。

「倍率の低い私立大学のうちに入学して卒業時点では公立化しているはず」と目論んでも外れることもあります。そうなっても、それは自己責任となります。[*7]

○マイナーだけどお得な二部・夜間

大学の学費負担が話題になるたびに、なぜか、スポットを浴びないのが二部・夜間です。ほとんどの大学は一部と言って、日中に授業が展開されます。

これに対して、二部は夜間に授業が展開されます。

文部科学省は白書などで「夜間学部」と呼称しており、大学によっては「二部」「イブニングコース」「夜間主コース」などの呼称があります。

二部・夜間は、働きながら学びたい学生のための学部です。

そのため、昼間の学部に比べて社会人学生が多いのが特徴で、授業料は半額程度の大学がほとんどです。

大学の授業は昼間の学部と同じで、一部の授業（特に実習形式のものなど）は昼間の学部にしか展開できないこともあります。

就職活動で不利になることもありませんので、相当得、と言えます。

デメリットは、一般的なキャンパスライフを送りにくい（特にサークル活動）点でしょう。

二部・夜間の学生は社会人が多く、日中は会社員やアルバイトとして働いています。授業が終わる時間は夜も遅いので、そこからサークル活動をする学生は多くありません。

そのため、二部・夜間の学生だけのサークルは皆無とは言いませんが数は昼間の学部に比べて少ないです。

昼間の学部生が中心のサークルに入っても時間調整が難しく、どうしても活動は低調になってしまいます。

また、二部・夜間の大学・学部に入学した場合、昼間の時間がまるまる空くことになります。何もやらなくても文句は言われませんが、気が付けば怠惰に過ごすだけ、となりかねません。かといってアルバイトを入れ過ぎると、今度は夜間の授業がしんどく、ついていけなくなることもあります。

二部・夜間の大学・学部を目指す場合は時間の管理をしっかりする必要があります。

○当たり外れが大きい専門職大学

専門職大学は2019年に新設となった校種です。修業年限は4年で、卒業すると学士（専門職）を取得できます。4年制大学の変化球と言うのが分かりやすいでしょう。

一般的な大学と異なるのは、実習・実技が多い（約1／3）、実務家教員が多い（4割以上）という点です。大学は学術研究・教育を重視していますが、専門職大学は職業重視の教育機関です。そのため、大学と専門学校のいいとこ取りとも言えます。

2024年時点で専門職大学は20校（公立3校、私立17校）設置され、専門職短期大学が3校（公立1校、私立2校）、大学併設の専門職学科1校（私立1校）があります。

この専門職大学、専門性が高く評価され学生を順調に集めているところがあります。一方、立地が極端に悪い（通学に不便、ライバル多数の都市部など）、専門分野がニッチ過ぎて高校生が理解できていない、などの理由から定員割れに陥っている専門職大学もあります。

志望する際は学びたい内容が自分の希望に合うかどうか、学生が集まっているかどうか、などを含めて志望候補とするかどうか、慎重に検討する必要があります。

大学名	所在地	偏差値	入学定員	入学者	充足率
静岡県立農林環境専門職大学	静岡県	–	24	30	125.0
東京国際工科専門職大学	東京都	–	200	234	117.0
名古屋国際工科専門職大学	愛知県	–	120	139	115.8
芸術文化観光専門職大学(公立)	兵庫県	–	80	86	107.5
大阪国際工科専門職大学	大阪府	–	160	152	95.0
情報経営イノベーション専門職大学	東京都	35.0	200	178	89.0
国際ファッション専門職大学	東京都・愛知県・大阪府	–	194	172	88.7
びわこリハビリテーション専門職大学	滋賀県	BF～37.5	120	105	87.5
アール医療専門職大学	茨城県	BF	80	67	83.8
東京保健医療専門職大学	東京都	35.0～37.5	160	134	83.8
高知リハビリテーション専門職大学	高知県	BF	150	110	73.3
東京情報デザイン専門職大学	東京都	BF	160	115	71.9
開志専門職大学	新潟県	BF～37.5	240	159	66.3
ビューティ＆ウェルネス専門職大学	神奈川県	37.5	234	149	63.7
和歌山リハビリテーション専門職大学	和歌山県	BF	80	47	58.8
岡山医療専門職大学	岡山県	BF	120	64	53.3
かなざわ食マネジメント専門職大学	石川県	BF	40	9	22.5
電動モビリティシステム専門職大学	山形県	37.5	40	3	7.5
グローバルBiz専門職大学	神奈川県	–	98	3	3.1

全国の専門職大学一覧 **充足率順**
各大学ホームページより筆者作成

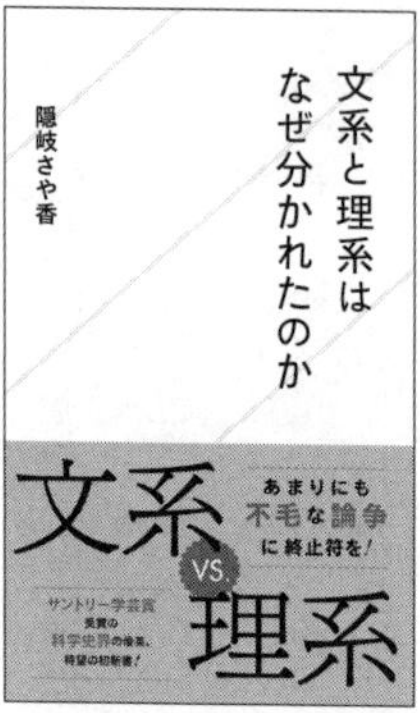

文系と理系はなぜ分かれたのか

（隠岐さや香、星海社新書、2018年）

文系か理系か、迷う高校生は普通科を中心に多い。早ければ高校1年冬、遅くても高校2年には文理選択があり、いやでも進路を意識することになる。そんな高校生におすすめしたいのが同書だ。表題通り、日本の大学で文系・理系に分かれた経緯などをまとめている。同書を読んだからと言って、文系・理系の選択がすぐできる、というわけではない。ただ、経緯を知ることで文系・理系の選択をしやすくなるのではないだろうか。

僕らが毎日やっている 最強の読み方

新聞・雑誌・ネット・書籍から「知識と教養」を身につける70の極意（池上彰・佐藤優、東洋経済新報社、2016年）

本章では新聞の読み方、使い方についてそこまで深くは解説していない。そのため、難関大志望、または、メディア業界志望であれば、率直に言って不十分だ。同書はジャーナリスト・評論家のトップクラスの2人による情報のインプット術をまとめている。2016年と刊行がやや古く、ネットメディアが大きく発達した現在とは状況が異なる。ただ、新聞や雑誌・書籍の読み方・使い方の解説として優れていることには変わりない。

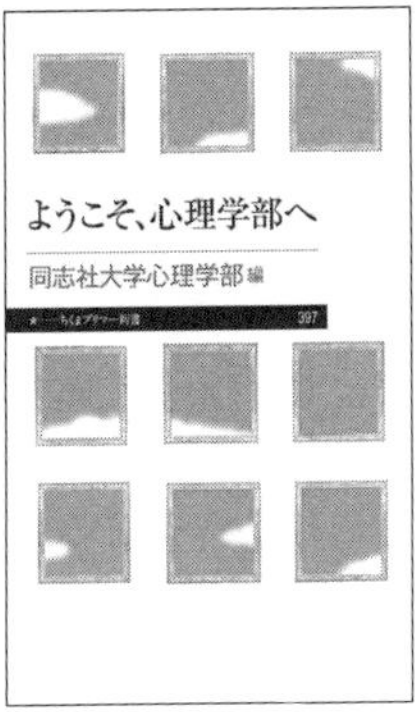

ようこそ、心理学部へ

（同志社大学心理学部、ちくまプリマー新書、2022年）

学部選びの情報が得られる本だと本章で挙げたもの（と拙著）、それと、『大学学部案内 学部コレクト』（学研プラス・編集、けーしん、Gakken、2020年）以外では、2017年から刊行を続けている、『なるにはBOOKS　大学学部調べ　中高生のための学部選びガイド』シリーズ（ぺりかん社）だろう。2024年6月現在、38学部系統を刊行しており、高校図書室や公立図書館では全巻収蔵しているところも多い。ただ、他の『なるには』シリーズにも言えるが、よく言えば上品。悪く言えばドギつい話、ネガティブな話題をさらっと流す傾向にある。その点、新書だと、バランスの取れた構成になっている。学部関連は他に『同志社大学神学部 私はいかに学び、考え、議論したか』（佐藤優、光文社新書、2015年）など。大学関連では他に『大学マップ』（小林哲夫、ちくまプリマー新書、2023年）など。学部・学科ではなく、個別テーマで探していくといくらでも出てくるので図書館や書店などで探してみてほしい。

大学学部案内
学部コレクト
（学研プラス・編集、けーしん、学研プラス、2020年）

『なるにはBOOKS大学学部調べ 中高生のための学部選びガイド』シリーズ
（ぺりかん社）

同志社大学神学部
私はいかに学び、考え、議論したか
（佐藤優、光文社新書、2015年）

大学マップ
（小林哲夫、ちくまプリマー新書、2023年）

第5章

知らないとしんどい
大学入試の変化

◯「E判定で人生オワタ」のウソ

この章では大学入試の変化や現状について解説していきます。

まずは模試の判定について。

高校生が志望校候補を検討する際に参考とするのが模試です。

特に一般選抜を受験する際は、模試の結果から志望校のランクを上げる／下げるかどうかを決めていきます。

さて、模試には志望校候補を書く欄が複数あり、判定が出ます。

A判定ならば合格できそう、E判定だと合格は難しいので志望校ランクを下げよう、など、多くの高校生が一喜一憂します。

一部の塾などは「E判定からの逆転合格」を掲げて宣伝しています。焦った高校生が、逆転合格を目指して高いお金を払って塾に入るというのは日本全国、どこでもあります。

そして、これを醒めた目で見ているのが高校教員です。

塾・予備校を不要なまでに敵視しているわけではありません。東大など難関大合格や美術大学入試などであればまだしも、ただ単に「E判定から逆転合格」「E判定から1ランク上げる」だけであれば、高校の授業で十分だからです。

このすれ違いは、模試判定の誤解から生まれています。

高校生の多くは「A～E判定は20％ずつ振り分けられている。つまり、E判定は下から20％」と誤解しています。

これがそもそも間違いでE判定は「下から20％」ではありません。

河合塾はこの判定の割合について、「E判定がつく志願者は全体の60％」と公表しています。それでは判定の意味がないではないか、と思う方もいるかもしれません。

河合塾の担当者は産経新聞の取材に対して、早い段階でD・E判定の志望大学を諦めるのはもったいないとアドバイスをしています。

『早い段階でD、E判定で志望大学をあきらめるのはもったいない』という。模試の結果には、志願者の数や自身の順位も明記されており、仮にE判定だったとしても、志願者全体から自身の実力がどの程度なのか、立ち位置を確認することが重要だという。[*1]

一度は全分野を学習した浪人生と異なり、現役の高校生は新たな分野を学びながら受験に臨みます。秋以前の模試では、浪人生に比べて不利なのです。

さらに、部活をしている高校生はどうしても受験勉強の時間が少なくなります。夏休みから9月ごろまでは勉強していてもなかなか成績が上がりません。それで「E判定からの逆転合格」に飛びつきたくなるわけです。

そして、部活を引退する3年生の夏以降、受験勉強に専念すると、一気に成績が上がりだします。やがて、9月か10月ごろの模試からE判定から脱却する高校生が続出します。これがいわゆる現役曲線です。

高校教員からすれば、毎年のように現役曲線で成績が上がっていった教え子をみています。「E判定から1ランク上」の大学に合格した事例などはいくらでもあるのです。これは東京だから、大阪だから、というものではなく、どの地方でも同じです。

だからこそ、高校教員からすれば「E判定からの逆転合格」には「何を当たり前のことを」と醒めた目で見ているのです。

もちろん、現役曲線で成績が上がっていく高校生は地道な勉強を続けていることが前提条件になります。勉強していなければ成績は上がりませんし、志望校に合格できるわけがありません。

ですが、地道に勉強を続けているのであれば「E判定で人生オワタ」だの「志望校候補のランクを下げないと」などと考えなくても良いのです。

○塾・予備校は学歴よりも経歴とサポート体制

一般選抜を検討する高校生の中には塾や予備校を検討する人もいるでしょう（授業料を払うのは保護者だとしても）。

塾・予備校については全国展開しているところもあれば、個別指導が売りのところ、あるいは地元密着型まで様々です。

授業はオンラインでサポートは対面、と使い分けているところもあります。

塾・予備校の選び方は人それぞれですが、トラブルになりやすい塾や予備校には傾向があります。

次の項目で当てはまるところがあれば、慎重になった方がいいでしょう。

- 授業料：掲示額が曖昧、相場よりも高い

↓安すぎるのも考え物ですが、高すぎるのはそれだけのサービスを提供するか、あるいは不当な請求か、どちらかです。

- フランチャイズで学生スタッフ任せ

↓フランチャイズがダメとは言いません。ただ、授業や個別指導から教室運営まで学生スタッフ任せにしているところは評判の悪いところが多いです。

・高校の授業を無視するような指導
↓高校の授業が絶対正しいとまでは言いませんが無視するような指導はさすがに問題です。
・質問などのサポート体制があいまい
↓分からない部分を質問できるところが塾・予備校の価値の一つです。そうしたサポートがないか、あいまいにしているところは行く価値がありません。
・個別指導や自学自習が売りなのにサポートが酷かった
↓これもフランチャイズだと講師やスタッフとの相性で評価は相当、分かれます。合わなければやめた方がいいでしょう。
・合格実績があいまい、前年と同じ人しか出ていない、フランチャイズなのに地元の合格実績が出ていない
↓大手の塾・予備校でも合格実績は絶対的なものではありません。ただ、それでも、まだましなところは毎年、きちんと更新しています。それと、全国展開しているフランチャイズであれば地元校からの合格実績を出します。それができないのであれば、内実は知れたもの、と言わざるを得ません。[*2]

勉強や一般選抜の入試対策は、塾・予備校だけではありません。家庭教師もいますし、ネット環境があればオンライン家庭教師という選択肢もあります。

自宅にいながら予備校講師の授業を受講するオンライン予備校・動画サービスも、スタディサプリ大学受験講座、東進ハイスクール在宅受講コース、河合塾One、Z会の映像、トライのオンライン個別指導塾など、多数あります。

高校によっては高校の受験対策講座や補習だけで十分というケースもあります。

つまり、都市部だから塾・予備校の情報が充実していて、地方だと弱い、という時代ではありません。

「あの塾はネットで有名だから」「よくCMが流れているから」という理由だけで選ぶのではなく、自分にとって必要かどうか、向き合いながら検討していくことをおすすめします。

○潰れたはずの大学入試改革が地味に影響

2020年代現在の大学入試を解説するうえで避けられないのが、2010年代から活発になった大学入試改革です。

読解力などをより身に付けることを目的とした大学入試改革は、2021年度から大学入試センター試験を大学入学共通テスト（以下、共通テスト）に変える、英語については民間試験、国語と数学Ⅰ・数学Aについては記述式をそれぞれ導入することになります。

ところが、2019年に反対論が噴出。結果、民間試験も記述式も導入延期となります（2021年に断念）。

英語民間試験については、地方で受験できない懸念があったうえ、高額な受験料による経済格差などの問題が山積みでした。

記述式についても、約50万人が受験する試験で公平な採点ができるわけがなく、無理があったのです。

高校入試では記述式を取り入れている高校は多くあります。しかし、その採点は何度も確認するなど莫大な手間がかかります。

土壇場で共通テストの目玉となるはずだった英語民間試験と記述式の導入がなくなってしまいました。

その結果、センター試験から共通テストに名前を変えただけで基本は同じ……ではありません。

共通テストはセンター試験時代とは大きく変わっていますし、とん挫したはずの入試改革は地味に続いています。

そして、その影響は高校生の大学受験にも確実に表れています。

○個別の大学入試改革に移行

2021年7月、文部科学省は大学が独自に入試改革を進めた場合、補助金を出す方針を決めました。

報じるメディアが少ないこともあり、このニュースはあまり注目されていませんでした。

実は、この方針が高校生の大学入試に大きく影響しています。

〈補助金の対象になる入試改革の評価事例〉

- 英語民間試験の活用（「読む」「聞く」「書く」「話す」の総合的な英語力を評価し、入学後も英語力の目標を設定）
- 記述式問題の出題
- 文系学部で数学を必須化
- 9月入学など4月以外の入学時期を設けて入試を実施
- 児童養護施設入所者の受験料免除など多様な学生を受け入れる取り組み
- 総合型・学校推薦型選抜で小論文、討論、口頭試問などの実施

同時期に有識者会議では、国公立大学に対して高度な記述式を導入するよう提言も出され

ています。[*3]

学校法人の財政難が続く中、補助金を出すと言われれば国公立・私立とも欲しいに決まっています。

かくて、国公立大・私立大とも入試改革が進んでいくことになりました。

○センター試験から激変した共通テスト

個別の大学入試改革の前に、共通テストの解説をしていきます。

センター試験と共通テストの違いがはっきり出ているのが数学Ⅰ・数学Aの2次関数の問題です。高校を卒業して30年以上、現役高校生に「2次関数のこの部分、教えて」と質問されても回答不可能な筆者がなぜ、2次関数の問題を持ち出すのか、ちゃんと理由があります。

センター試験と共通テストの変化が、誰でもはっきりと分かるほど大きいからです。

2020年、最後のセンター試験のとき、2次関数の問題はA4の用紙1枚に収まっていました。

それが共通テストになった2021年、同じ2次関数の問題でも、ピッチとストライドの説明がイラスト付きで延々と続きます。

問題は用紙4枚と、4倍に増えました。

この問題、数学教員に話を聞くと、「よく読めばきちんと解ける。センター試験時代から難易度が大きく上がったというほどではない」と話します。

「ただし……」と、取材した数学教員はほぼ全員が付け加えました。

「全体的に問題文の分量が3〜4倍に増えている。それも、読み飛ばすと前提条件が分からずに回答できない問題が多い。読解力のない受験生は大変だと思う」

日本経済新聞のコラム「受験考」でも、2021年にこの数学の分量増加について、次のような記載があります。

「例えば数学の出来が標準的なA子。『先生、共テ模試の数学1Aで70点くらいしか取れません』と言う。センター試験の70点は、基礎の理解が不十分であることを意味するが、共テでは違う。失点の原因は『理解不足』なのか『膨大な文章を読むのに時間がかかる』なのかが特定できない。

A子には『教科の基本を固め、文章量の多い問題を読む訓練を積もう』とアドバイスしたが、後者は数学なのだろうか?」[*4]

共通テストがセンター試験から大きく変わったのは数学だけではありません。

英語のリーディングは単語数が1988年には2500語だったものが、共通テストでは6000語まで増加しています。

国語、社会、理科も同様です。しかも、やたらと会話形式のもの、資料読解形式などが増えました。

それぞれの教科の教員や塾講師に取材すると、冒頭の数学教員とほぼ同じ回答です。つまり、「よく読めば解けるし、難易度はセンター試験時代とそう変わらない。ただし、読解力がないと回答までたどり着かない」というものです。

この共通テストで高得点を狙うには、各科目とも基礎理解はきちんとしていく（暗記）、その上で読解力を付けていくしかありません。

ちなみに、会話形式に慣れるのであれば、新聞のQ＆Aコーナーがおすすめです。話題のテーマを解説するために無理やり会話形式にしており、共通テストの会話形式の問題によく似ているからです。時事テーマを押さえるという意味でもおすすめできます。

○ 英語民間試験でプラス評価に

では、個別の大学入試改革の解説に移ります。

高校生にとって影響が大きいのは、①英語民間試験の活用、②文系学部での数学の必須化、

③高度な記述式、④「情報」の新設、⑤総合型・学校推薦型選抜での面接・小論文の実施の5点です。
まずは、英語民間試験の活用。

2021年7月の文部科学省有識者会議の提言では「『読む』『聞く』『書く』『話す』の総合的な英語力を評価し、入学後も英語力の目標を設定」となっています。

これは要するに英語民間試験の活用を意味します。

なお、英語民間試験とは、民間団体が主催する試験で、実用英語技能検定（英検）、TOEIC、TOEFL、ケンブリッジ英語検定、GTECなどです。

各大学にとって大学入試改革で一番手を付けやすいのが、この英語民間試験の活用です。英語民間試験で高いスコア（または難易度の高い級）を取得した高校生は、それだけ英語力が高いことを示しています。

他の教科も同様であり、入学後も優秀な成績を収める確率が高いと言えます。

共通テストで、50万人全員が英語民間試験を受験しなければならないとなると、地域格差・経済格差が問題視されますが、個別の大学・学部入試であればそこまででもありません。

かくて、個別の大学入試に英語民間試験を活用する大学は2020年代に増加しています。今後も同様でしょう。

形式としては、試験免除型（大学が提示したスコア・級を取得していれば英語の個別試験を免除）、点数換算型（受験生が取得したスコア・級を個別試験の点数に換算）、加点評価型（大学が提示したスコア・級を取得していれば英語の個別試験に加点評価）の3パターンがあります。

立教大学は2021年度から大学独自の英語試験を廃止（文学部は一部日程で存続）。英語民間試験の級・スコア、または、共通テストのスコアを入試の得点に換算し合否を判定します。高校生は一般選抜を受験する前に、英語民間試験を受験しておくといいでしょう。実用英検だと準1級か2級まで合格できると、入試を有利に進められます。

なお、実用英検2級以上または英検CSEスコア2100点以上だと、学費を1年間免除（共愛学園前橋国際大学）、1年間半額免除（宮崎国際大学）、学費の一部を免除（京都精華大学／50万円）、初年度授業料を免除または相当額を給付（高崎商科大学、神奈川工科大学など）、奨励金を支給（九州産業大学／1万円）など、お金という面でも得をします。

○文系でも数学必須の大学が増加

今後、一般選抜で導入が進みそうなのが「文系学部での数学必須化」です。数学が嫌いで文系クラスを選択した高校生は「国公立志望じゃないから数学はいらない」

と考えているかもしれません。何を隠そう、30年以上前の筆者が全く同じことを考えていました。

昔はそれでよかったのですが、実は文系学部であっても数学を使う機会は多くあります。経済・経営・商学部系統や社会学部系統などは特にそうです。筆者は東洋大学社会学部社会学科を卒業しました。在学中は統計学などで数学の知識が必要であり、それはそれは苦労したことを覚えています。

数学の知識がきちんとある学生とそうでない学生とでは理解度に大きな差が出るという、大学教員の声も少なくありません。

一方で、入試という側面では数学を必須化した途端に志願者数が減ることは確実です。そこで様子見の大学が多かったのですが、2018年に早稲田大学政治経済学部が数学を必須化。その後も、東洋大学経済学部経済学科や中央大学法学部・国際経営学部、青山学院大学経済学部、上智大学経済学部などで数学必須の入試方式を導入・拡大しています。

経団連は「文系学部の学生も数学を学ぶように」との提言をまとめています。[*5]

今後も文系学部での数学必須化または数学必須の方式を導入・拡大する大学は増加していくもの、と見られます。

高校生は文系クラス選択でも、国公立志望ではなかったとしても、数学の勉強は投げないことをおすすめします。

○「情報」は迷走中

2025年入試（本書刊行の2024年時点で高校3年生）から、歴史総合、公共、情報（科目名は「情報Ⅰ」）の3科目が導入されます。

歴史総合は日本史・世界史のうち近現代史が中心の科目、公共は廃止になった現代社会のマイナーチェンジです。

一方、情報は純粋な新設科目であり、プログラミング言語の基礎やデータの活用など、科目名にある通り、情報を広く学ぶ科目です。

2022年入学者から高校の必修履修科目として導入され、国立大学協会は共通テストで必須とすることを決めています。

ところが、2025年度入試では北海道大学、徳島大学、香川大学の3校は実質的に配点ゼロとし、「入試では課すが配点はしない」「点数化はせず総合評価で合否を判断」などとしています。[*6]

実は、この情報という科目、IT化が進む現代社会では必要な科目と評価する意見がある一方、大学入試で課すのはおかしいなど否定的な意見も強くあります。

そのため、河合塾の調査（２０２４年１月現在）によりますと、必須とする国立大学は96％、公立大学は45％。

配点比については、国立大学の63％・公立大学の65％が「配点比が低い（10％未満）」と答え、半数以上を占めています。「10％（素点利用）」は国立大学29％、公立大学25％。「配点比が高い（10％を上回る）」は国立大学８％、公立大学10％でした。

素点利用とは、情報の満点が１００点で、その点数を圧縮したり傾斜配点することなく、そのまま利用することを意味します。「配点が低い」は素点を圧縮することで、例えば「配点比50％」であれば情報の満点１００点を50点に圧縮することになります。「配点が高い」はその逆です。

「配点比が低い」との回答が国立・公立とも圧倒的に多いわけで、これは大学も戸惑いながら導入するが配点は他の科目よりは低くする姿勢が見え隠れします。

情報については、一橋大学が80％の区分で配点を高くするなど、大学によって姿勢が大きく異なります。

そのため、国公立大学志望の場合、情報の配点がどれくらいか、大学入試要項・サイトなどで確認する必要があります。

○国公立の小論文・記述式は難化へ

国公立大学では2010年代以前から、一般選抜でも小論文や記述式が出題されていましたが、現在はそれが難化しています。背景には冒頭で説明した入試改革の「高度な記述式」があります。

この「高度な記述式」、国公立志望の高校生が甘く見るとひどい目に遭います。

まずは、公立小松大学国際文化交流学部の一般選抜・前期から。

問1：以下の文章を読み、日本政府または日本の民間組織が、他国や国際社会に対しておこなっている「対外発信」の例を挙げ、それが、どのような「テューモス」に駆り立てられた行為といえるのかを、600字以内で説明せよ。

問題文：『歴史の終わり』の著者にして、政治思想家のフランシス・フクヤマが近著『アイデンティティ　尊厳の欲求と憤りの政治』（山田文訳、朝日新聞出版）で興味深い指摘を行っている。「自尊心は、他者から尊敬されることで生まれるものだから、人間は自ずと承認を求める」とフクヤマは述べ、社会や国家も同様であるという。尊厳の欲求を渇望する心の動きである「テューモス（気概、自尊心）」は、ほかと平等な存在として尊敬されたいという「アイソサミア（対等願望）」、あるいはほかより優れた存在と認められたいという「メガロサミア（優越願望）」を意味している。世界各地で発生している排外的ナショナリズムや宗教過激主義の基層にあるのは満たされぬ承認要求であり、これが世界に混迷をもたらしている、とフクヤマは説く。「テューモス」に駆り立てられて国家は自国の言語、文化、価値を対外的に発信しようとする。相互理解は、相手の尊厳を認め、承認要求を満たしてあげることによって「テューモス」を鎮める行為であるといえよう。

大問はもう1問あり、合わせて回答時間は120分です。単純に分割すれば60分となるわけです。そして、公立小松大学国際文化交流学部は新設校で偏差値ランキングから言えば真ん中より下です。

これを簡単に解けるとは言いがたいのではないでしょうか。

実際、2023年に筆者が高校の保護者向け講演でこの出題を紹介したところ、参加者はほぼ全員、絶句していました。

新設の公立大学であれば簡単に入れるだろう、と甘く見ていると痛い目を見ます。

公立小松大学は、大学HPで出題意図については次の説明を掲載しています。

> 問題文にある、社会や国家の「テューモス」の意味を理解しているかどうかの読解力、および、そのうえで、日本政府または日本の民間組織を主体として行われる国際交流・対外発信にどのような承認要求が潜んでいるのかを客観的に説明する能力をみる。単に、日本料理や「おもてなし」、あるいは伝統的な祭りなどの事例を挙げるだけでなく、日本のどのような主体が、どのような意図で対外発信を行おうとしているのかを端的にまとめているかどうかを採点基準とした。

単に文章の書き方などを練習すればどうにかなる、という問題ではありません。国際交流などについて日ごろから関心を持ち、関連記事や本などを読んでいないと回答するのは難しいのではないでしょうか。

○甲南大では筆者のコラム登場もWで

私立大学でも記述式や小論文は２０００年代以前に比べて難化しています。

２０１８年ですが、関西の甲南大学の推薦入試で筆者のコラムが出題されました。使用されたのは、毎日新聞大阪版で連載をしていた、就活についての２０００字ほどのコラムでした[*7]。

「よくこんな長文のコラム、入試で使う気になったな」と思ったものです。ところが、掲載されていたのは筆者のコラムだけではありませんでした。別のコラム1本（約900字）も並び、共通するテーマ（コミュニケーション能力）について二つの文章を比較した上で、コミュニケーション能力について自分の考えを600字程度で述べよ（時間は60分）、というものでした。

このような、複数の課題文を読ませる小論文は増加傾向にあります。

2020年代現在は、小論文や記述式の問題も過去に比べて難化傾向にあり、読解力を身に付けていないと回答できなくなっているのです。

○社説を読んで対策を

読解力を身に付けるためには新聞が有効です。

という話を高校講演ですると高校生は「はいはい、聞き飽きた」という表情をすることがよくあります。

これは高校での進路講演だけでなく、大学のキャリア講義でも同じです。

筆者は過去20年間、高校生や学生から「新聞を読もうとしたが全部読むのに6時間近くかかって挫折した」「いまどきはネットがあるから十分」などの相談や愚痴を山のように聞いてきました。

新聞はそもそも読むものではなく、使うものです。

具体的に言いますと、全部読もうとしても挫折するに決まっています。高校生・大学生はもちろんのこと、社会人も忙しい中、新聞を読む際は読み飛ばしていくのが当たり前です。

全国紙・地方紙とも、新聞を全部読もうとするのはそもそも無謀なのです。

普段の勉強に部活があって、他の予定もあって、と考えると、全部読めるほど暇ではないはず。それならば、読み飛ばしていけばいいのです。これが「読むのではなく、使う」という意味です。

1面の記事は重要なニュースなので、見出しとリード文くらいは読みましょう。自分に関連しそうな記事のある面の曜日であれば、その面をチェック。それも全部を読む必要はありません。そして、社説。これも見出しだけ読みましょう。

これだけなら、読解力が低くても10分程度で終わるはず。これをできれば朝、習慣づけてください。朝が難しいなら昼休みなどでも構いません。

そうして夕方か夜に改めて、必要な記事をじっくり読んでみてください。これを半年でも1年でも続ければ、読解力は間違いなく上がります。

さて、なぜ新聞の社説がおすすめか、それには理由があります。

新聞の社説は、政治・経済・社会・国際など各テーマの時事問題についてその新聞の主張をまとめた論説文です。

朝刊の2面から4面あたり、前の方に掲載されています。

分量はおおよそ800～1000字で基本的には2本掲載。重要なテーマをじっくり説明する場合は2000字1本となっていることもあります。

読解力を付けるためには新聞1面下にあるコラムを読むべきとの意見もあります。朝日新聞だと「天声人語」が有名です。

新聞のコラムはコラムで面白いのですが、課題文が長文となっている2020年代の小論文・記述式に合っているか、と言えばそうは思えません。

多くのコラムは600字程度であるのに対し、社説は800～1000字なので、読解力を身に付けるという点では、社説の方が優れていると筆者は考えます。

また、コラムは書き手の感想や主張が中心です。

その点社説は、扱うテーマの概要が600～800字、新聞独自の主張が200字程度です。

この構成、実は国公立大学から私立大学中堅校の小論文までよくある出題パターンに似ています。

すなわち、200字程度で課題文の概要をまとめる、400~800字程度で課題文を読んだうえで受験生の感想（主張）をまとめる、というものです。

こうした出題の「概要をまとめよ」という問題で主張を入れると、当然減点対象になります。

読解力養成だけでなくテーマの概要と主張を分けて読んでいくトレーニングを考えると、新聞の社説は高校生が読むべき記事と言えます。

そして、新聞の社説は話題になっているテーマを取り上げるのが一般的です。

大学入試での出題はその学部に関連するテーマはもちろんのこと、一見すると直接的な関係はなさそうなテーマをあえて出題する大学があります。

よく読んでいけば全く無関係というテーマではなく、どこかで関連性があります。

こうした出題に対応するためにも、新聞の社説は読む習慣をつけておくといいでしょう。

○国立大学理工系学部で女子枠が拡大する理由

2020年代に入ってから、国立大学の理工系学部で女子枠入試が拡大しています。

2021年に名古屋大学、2022年には東京工業大学、2024年には京都大学、大阪大学などが導入を表明し、今後も広がる見込みです。産業界から女性技術者を増やしたいニーズが強く、政府も女子枠入試を推進します。

前提条件として、理工系学部に進学する女子高校生は多くありません。日本の大学生全体の女子比率は46％(2023年)です。しかし、理学部系統は28％、工学部系統は16％と低い水準です。これは今に始まったことではなく、2000年代以降、ほぼ変わりません。

当然ながら、メーカーなどが女性技術者を増やそうとしても、絶対数が少ない以上、限度が出てきます。

そうなると、企業は女性技術者を増やせず、必然的に女性管理職も増えません。グローバル展開をしているメーカーにとってはイメージが悪くなってしまいますし、女性技術者が開発チームにいるかいないかでは、経済価値が大きく変わるという調査もあります。

産業界の意向もあり政府は2022年、教育未来創造会議の第1次提言で、理工系専攻の女子学生を2032年ごろまでに3割程度まで増やす目標を掲げました。

これを受けて、政府は理工系学部で女子枠を設置する大学に財政支援を開始。さらに文部科学省は大学に向けて通知を出し、「多様な背景を持った者を対象とする選抜」を行うことが望ましいとし、その一例として「理工系分野における女子」を例示しました。

要するに、国立大学理工系学部での女子枠創設は国策なのです。

この女子枠創設に対して「入試なのに不公平」などの批判が存在します。確かに、文系学部を含めた話であればその批判ももっともでしょう。しかし、数十年以上もの間女子学生が少なかった理工系学部で女子学生を増やす方策としては、他に適当なものがありません。

前記の通り、メーカーなど産業界で女性技術者が増えなければ日本の将来に暗い影を落としかねません。筆者はこうした点を考えれば、女子枠創設は問題ないと考えます。

理数系科目が得意な女性であれば、仮に技術者志向がそこまで強くなくても、2章で解説したように、総合職としての就職は可能です。

理工系学部出身者は「理系思考を持っている人材」として高く評価されることは2章に記載した通りです。将来の進路に迷っている、ということであれば、この女子枠入試も志望校候補の一つとして検討してみるといいでしょう。

○総合型選抜・学校推薦型選抜～想像以上に難化

ここからは総合型選抜・学校推薦型選抜について解説します。

学校推薦型選抜は学校長の推薦を必要とする入試形態です。指定校制と公募制に分かれ、前者は出願できる高校が限定されます。後者の公募制はどの高校でも出願可能です。公募制の変化球として自己推薦もあります。

学校推薦型選抜では、高校の成績（評定平均）が一定基準に到達していることが求められます。入試は面接が中心で、グループディスカッションや小論文を課す大学もあります。国公立大学だと共通テストを課すところが一定数あります。

総合型選抜は「その大学で学びたい」という強い意欲や、入学後の目標が重視されます。学校推薦型選抜と異なり、学校長の推薦は必要なく、高校の成績（評定平均）などを問わない大学もあります。入試は書類審査や面接が中心で、知識や思考力・表現力など、他面的に評価する選抜方法が増えています。

総合型選抜・学校推薦型選抜は年内に入試を実施することから、年内入試とも言われています。

文部科学省の調査によると、２０２３年に年内入試での入学者は全体の50・7％を占めました。[*8]

国立大学でも18・2％（総合型5・9％、学校推薦型12・3％）となっています。

２０２０年度まではＡＯ入試・推薦入試という名称だったものが、２０２１年度から総合型選抜・学校推薦型選抜に変更となりました。

ＡＯ入試・推薦入試は２０００年代に入ってから、「アホでも入るザル入試」などと揶揄されるほど簡単に入学できる大学が多くありました。

その結果、2020年代現在でも「総合型？　学校推薦型？　要するに、AO・推薦入試でしょ。あんなの、熱意を伝えればどうにかなるから」と甘く見る保護者や高校教員、塾講師などが一定数存在します。

そして対策を怠った高校生は、「部活や探究の時間の話をすれば十分」「入学したら頑張りますと言えばいい」と思い込み、志望校に落ちるということが良くあります。

なお、ここで言う志望校とは国公立大学や私立大学難関校だけではありません。各地方のトップ校はもちろんのこと、2番手・3番手グループの大学でも同様です。

2000年代には「簡単に入れた」との評判があった中堅校でも、高校生や高校教員の想定以上に難化しており、不合格となるケースが続出しています。

○大学と高校生の「意欲」に違い

総合型選抜・学校推薦型選抜の現状を示すものとして、ベネッセ・コーポレーション・教育情報センター（以下ベネッセ）が大学に対して実施した調査をご紹介します。なお、調査は総合型選抜、学校推薦型選抜、別々に取っていますが、回答はほぼ同じなので総合型選抜の結果のみご紹介します。[*9]

総合型選抜の実施目的としては、「大学での学びについて意欲の高い生徒に入学してほしい」(91%)であり、次いで「大学での学びについて適性の高い生徒に入学してほしい」(72%)でした。

受験生に求める力としては、「明確な志望動機(大学・学部・学科で学びたい理由)」(89%)、「コミュニケーション能力」(63%)、「何事にも前向きに取り組む姿勢」(61%)が上位でした(学校推薦型選抜では2位が「基礎学力」62%、3位が「思考力、判断力、表現力などの応用的な学力」54%、4位が「コミュニケーション能力」53%)。

この調査から、総合型選抜・学校推薦型選抜では、意欲ある高校生を採用したい、と考える大学の姿勢が明らかです。

○面接ではさらに深掘り

志望意欲の高い高校生を合格させよう、とする大学は国公立大学や私立大学難関校だけでなく、地方私大の中堅校でも広がっています。

かつては簡単に合格させていた私立大学は、実は苦い思いをしています。

簡単に入学した分必要な学力が備わっておらず、大学の勉強にもきちんと取り組まず留年する学生が出てきました。

保護者の中には誤解している方もいますが、2008年に大学設置基準が改行・施行された後、単位認定のための出席やテスト評価が相当厳しくなりました。[*10]

それで最後は中退してしまったり、卒業までは行っても就職ではそこまで高い評価は得られなかったりと、課題が多くありました。

『「ザル入試」はもうやめよう』と思っていたところに、大学入試改革では総合型選抜・学校推薦型選抜とも、きちんと選考するよう求められました。

その結果、各大学とも方向を転換。入学者確保で多少苦しい思いをしても、きちんと選考をして志望意欲の高い高校生を合格させるようにしていったのです。

さすがに私大の全てとまでは行かず、相変わらず「ザル入試」を展開しているところもあります。ただ、そうしたところは多少どころか相当に入学者確保で苦しくなっています。しかも「ザル入試」で入った学生の意欲が低い、最悪だと中退してしまう、という問題は解決できていません。こうした私大は推定で全国に50~100校存在します。

それ以外の私大では、面接でも志望意欲の高さを確認する質問をするようになりました。

例えば、

「(志望する学部・学科について)関連する本はどの程度、読みましたか?」

「(志望する学部・学科について)関連するニュースはどのようなものでしょうか? またその感

想は？」

さて、この部分を読んだ高校生読者の方、いかがでしょうか？

ちなみに、高校の進路講演でこの話をすると、「え？　そこまで聞くの？」と絶望的な表情を見せます。

大学がこうした質問をするようになった理由は簡単です。

「部活（探究の時間）を頑張ってきました」「●●学部で頑張りたい」などの話は誰でも話せてしまいます。

口先だけでなく本気でその大学の学部・学科で勉強したいのであれば関連の知識は自ら身に付けているはず。経済学部志望なら経済関連の入門書の1冊や2冊は読んでいるはずです。看護学部志望であれば、医療関連のニュースに関心を払っているはず。

それを確認するために、こうした質問をするのです。

○入学前・入学後・卒業後をセットで

総合型選抜・学校推薦型選抜の調査をしたベネッセは担当者が読売新聞の取材に対して次のように答えています。

「大学側は実績や結果より、そこに至る過程を重視している。〈1〉高校までの経験〈2〉大学で深めたい学び〈3〉卒業後に社会とどう関わるか——を一つのストーリーとして、自分の言葉で語れるかどうかが重要だ[*11]」

これは、総合型選抜・学校推薦型選抜とも面接ではどちらも同じです。

この回答に補足すると、「高校までの経験」は部活や「総合的な学習（探究）の時間」、あるいは委員会活動や資格取得、実習などです。この部分だけ高校生は一生懸命話そうとします。それでどうにかなったのは10年、20年前の話であり、2020年代は通用しません。「大学で深めたい学び」とはその学部・学科でどのような勉強をしたいのか、これを問うています。

「卒業後に社会とどう関わるか」は、卒業後のビジョンや就職などについてです。まとめますと、大学入学前（高校）、大学入学後、大学卒業後、これらをセットで話せるかどうか、2020年代の面接では問われることになっています。

この事情を地方私大・入試担当者に聞いてみたところ、ベネッセ担当者のコメントとほぼ同じ内容でした。一部をご紹介します。

「高校生だからうまく話せない部分があることは織り込み済みです。それでも、入学意欲が本当にあるのであれば自分の言葉でまとめられるはず」

「経済・経営系学部であればケインズなど経済論を読んでいるところまでは求めません。それでも、ビジネス関連の入門書の1冊でも2冊でも読んでいるとか、経済関連のニュースには注意を払っているとか、それくらいは言われなくても知識として身に付けておいて欲しいです」

「勉強したい内容で専門科目を羅列するのはやめてほしいですね。前の職場だった看護大学だと『国際看護学』など専門科目を挙げていきます。しかも、その専門科目の概要を説明していくだけ、という受験生もいました。それで『国際看護学を学んでその後どうしたいですか?』と言うと答えられないわけです。専門科目を挙げると落ちる、とまでは言いません。しかし、『国際看護学』をなぜ学びたいと思ったのか、学んだうえで卒業後、どうしたいのか、本気で考えている高校生なら答えられるはずです」


高校生からすれば「卒業後に社会とどう関わるか」は頭を抱えるかもしれません。ただでさえ高校卒業後の進路が分からないところに、大学卒業後のビジョンや就職について書けと言われても無理があるからです。

しかし、それも2章で解説した専門職と総合職の違いを理解した上でざっくり書ければ十分です。

○総合・推薦狙いなら図書館を使い倒せ

それでは、総合型選抜・学校推薦型選抜を突破するための入門書や関連記事はどこで探せばいいでしょうか。

おすすめは3つ。1つは大学・学部のサイトや動画などです。全ての大学ではありませんが、大学によってはおすすめの本を紹介しているところがあります。

2つ目は、オープンキャンパスや合同説明会イベント、分野別ガイダンスなどで担当の教職員に直接質問することです。特にオープンキャンパスの学部・学科別の概要説明、研究室公開や個別相談コーナーなどでこの質問をすると、答えてくれます。

3つ目は、高校の図書室、近くの図書館などです。図書館の関連本コーナーで探してもいいですし、分からなければ司書の先生に質問しましょう。

「大学入試で××学部を受験します。その分野を分かりやすく解説している本はないですか?」など、ざっくりした質問で問題ありません。こうした質問に答えることをレファレンスサービスと言い、こうした質問に司書の先生は答えなければならないのです。

本のプロである司書の先生は、何冊か（あるいはそれ以上）関連する本を提示してくるはず。それで興味が持てそうな本があれば読んでいくといいでしょう。

このレファレンスサービスを使うようになると、総合型選抜・学校推薦型選抜は合格する確率が大きく上がります。

なお、このレファレンスサービスは、宿題や高校卒業後のビジネス、家族間のトラブルなどでも使えます。

○志望理由書は基本を押さえてから

総合型選抜・学校推薦型選抜で、選考が厳しくなっているのは面接や小論文だけではありません。志望理由書も同様です。

この志望理由書をきちんと書けていないと合格は難しい、と言っても過言ではありません。

志望理由書対策は高校でも実施されているものの、追いついているとは言えません。

志望理由書の書き方の基本は5つ。

基本1「文体を揃える」

文体には敬体（〜です、ます）と常体（〜だ、である）があります。どちらでもいいのですが、志望理由書では必ずどちらかに統一しましょう。小説や詩、歌詞などでは交ぜることもありますが、基本的には統一することが原則です。

常体を推奨する参考書もありますが、筆者は敬体をおすすめします。丁寧な感じになること、文末で変化を付けられることが理由です。

基本2「文は適度に短くする」

以前、大学受験の志望理由書講座を担当した際は、添削した数十人分ほぼ全員がこの基本ができていませんでした。最長だと1文150字。これは長すぎます。

明確なルールはありませんが、1文40字~50字程度が良いでしょう。志望理由書はほとんどが600字~800字なので、その中に長めの文章が入っても問題ありません。ただし、長いと言っても60~70字が限度です。

文が長すぎるのは、あれも言わなければ、これも言わなければ、と詰め込み過ぎるからです。1文につき、入れるネタは原則として1ネタ。2ネタも3ネタも入れてしまうと、読んでいて疲れる文章になってしまいます。

［長すぎる志望理由書と改造例］

原文：私が貴学を志望しようと思ったのは、小学生の時に恋愛ドラマで、美容師を演じる俳優さんがいて、ある女性が美容師によって素敵になって、それで美容師って素敵だな、自分もたくさんの人を素敵にキレイにさせて喜ぶ顔を見たいなって思ったのが美容業界を志望するきっかけがあり、その夢を実現させるために貴学を志望した。

（149字）

講評：冒頭からあれもこれも入れ過ぎです。細かく分けていくと8ネタもありました。もっと分けましょう。

改造例：私が貴学を志望するきっかけは小学生の時でした。恋愛ドラマで美容師を演じるシーンなどから、興味を持つようになったのです。

（2行／59字）

基本3「誤字脱字や省略形などの表記は注意する」

誤字脱字が多いと、書き手の人間性が疑われます。

「バイト」「OC」などもアウト。「アルバイト」「オープンキャンパス」と正確に書くことが求められます。

家族がその大学などを勧めてくれたのであればそれは書いてもいいのですが「お父さんが勧めてくれました」はアウト。「私の父」が正解です。

基本4「余計なこと・ネガティブな内容は書かない」

4割くらいの高校生が引っ掛かる部分です。

「頭が悪いから国立大学はやめた」「家から近いので」などのネガティブな内容もアウト。入学して頑張ろう、という前向きな姿勢が見られません。事実だったとしても志望理由書でわざわざ書く必要はありません。

基本5「きっかけと志望理由は別」

これも引っかかる高校生が多いです。その分野・学部または職種について志望するようになったきっかけは高校生より前、という人もいるでしょう。その場合、きっかけを書くのは問題ありません。しかし、それはあくまでもきっかけであって、その大学を志望する理由にはなっていません。なぜ、数ある大学の中からその大学を志望するのでしょうか。

この基本5点を意識していくと、それだけで志望理由書はより良くなります。

ちなみに、この基本は大学入学後のレポートや就活でのエントリーシート、社会人になった後の報告書作成などでも同じです。

もう1点、志望理由書に限らず、文章を書いた際は一晩置いてから読み返すことをおすすめします。

書き終えた直後というのは、書き終えた充実感がある一方で視野が狭くなっています。一晩、置くことによって誤字脱字や内容の追加・削除など、書き終えた直後では気付かなかった部分が見えてきます。

忙しいときは一晩、置く余裕がないこともあるでしょう。その場合は1時間だけでも空けてください。その間はお風呂に入るなり、食事するなり、ひとまず文章から離れるのです。一晩置くよりも効果は薄れますが、それでも、時間を空けることで文章のチェックがしやすくなります。

○志望理由書のパターンとは

志望理由書をどう書けばいいか分からない、と悩む高校生は多いです。

どうしても書けないという時のために、分かりやすさ重視のパターンを一つ挙げてみます。

1：私は貴学の××学科を志望します。
2：卒業後は～への就職を考えています。
3：私がこの分野を志望しようと考えたきっかけは～。
4：貴学を志望する理由は～。
5：私は卒業後～。
6：以上の理由から私は貴学の～学科を志望します。

1は冒頭です。ここで結論を書く必要があります。志望理由書であれば、どの学部・学科を志望するのか明記しましょう。

ここであれもこれも書いてしまうと文章が長文となり、悪文になってしまいます。それならば、無個性であっても簡単にしておくことです。そのうえで説明は2文目以降に回しましょう。

2は将来のビジョンです。具体的な職種を目指しているならその職種を、業界でまとめるなら業界を、それぞれ簡単に書く程度で構いません。

3は、志望するきっかけです。ここはある程度、説明する必要があるので1文ではなく数文は必要となります。

4は、その大学の志望理由です。分野（職種）を志望するきっかけから、なぜその大学を選んだのか、その理由を書いていきましょう。ここも重要な部分なので、1文ではなく数文は必要です。

5は将来のビジョンの詳細です。2では簡単に書いた内容を、ここで改めて詳細に説明していきます。

6は、いわゆるまとめ。1と同じ内容ですが「以上の理由から」があると、文章の終わりであることを読み手に示すことができます。

毎日しっかり眠って成績を伸ばす
合格睡眠

（江戸川大学睡眠研究所・編、福田一彦・浅岡章一・山本隆一郎、Gakken、2020年）

筆者が全国の高校で進路講演をする際、受けるネタはいくらでも用意できる。一方、教員の受けは最高・高校生の受けは最悪、というネタもあり、その一つが「寝る前にスマホを見るな」。ある高校ではこのネタを出した瞬間に悲鳴が上がった。いや、息抜きで友達とやり取りしたいのは分かる。だが、寝る直前までスマホをいじっていると、脳が休まらず、知らず知らずのうちに疲労が蓄積される。同書は受験生が睡眠をどう取るべきか、をまとめている。著者の3人は江戸川大学睡眠研究所に所属。要するに睡眠のプロであり、受験との関係についても研究を進めている。健康維持は勉強方法のサブテーマではあるが、それも維持できないと体力が持たない。合格を目指すのに必要な正しい睡眠を知るためにも同書をおすすめしたい。他に勉強・入試で役立つ本として、志望理由書のまとめ方で参考になるのは、『文章は接続詞で決まる』（石黒圭、光文社新書、2008年）、『20歳の自分に受けさせたい文章講義』（古賀史健、星海社新書、2012年）、小論文対策では『マンガでわかる！　小論文　書き方のルールとコツ編』（大堀精一・監修、おおつきべるの、Gakken、2024年）など。

文章は接続詞で決まる
（石黒圭、光文社新書、2008年）

20歳の自分に
受けさせたい文章講義
（古賀史健、星海社新書、2012年）

マンガでわかる！　小論文
書き方のルールとコツ編
（大堀精一・監修、おおつきべるの、Gakken、2024年）

ガクサン

（佐原実波、講談社、2022年～／2024年7月現在、7巻まで刊行）

史上初の学習参考書をテーマにしたコメディ漫画。主人公は中堅の学習参考書出版社に中途入社した女性。お客様相談係に配属され、そこで学参オタクの男性社員のフォローをすることになる。舞台となる出版社は架空のものだが、登場する学習参考書は全て実在。学習参考書による独学受験、赤本を使った受験対策、認知特性別の勉強方法など学習参考書だけでなく、勉強方法の旬なテーマを押さえている。学習参考書選びや勉強方法で悩む高校生には強力な味方となる漫画である。5巻ではクイズ対策のエピソードも登場しているので「高校生クイズ」出場予定者は読んでおきたい。

2025年大学入試大改革

求められる「学力」をどう身につけるか

（清水克彦、平凡社新書、2024年）

本章で登場する大学入試大改革について詳しく解説した1冊。大学入試改革の解説・評論をしている新書は他にもあるが、2024年5月時点では同書が一番、最新の情報を入れている。同書の筆者は文化放送のプロデューサーである一方、非常勤講師などを務め、教育論の著書も多数、それだけに分かりやすく解説している。

第6章

知ると得する短大・専門学校進学

○短大と専門学校の違いとは？

この章では短大・専門学校進学について解説していきます。

短大と専門学校は大学に比べて教育期間が短く、2年です（一部は3年）。

そのため、入学すると勉強が忙しく、併せて卒業後の就活・キャリアについてもすぐに意識しなければなりません。

大学だと、多少合わなくても、勉強を頑張って卒業すれば、大卒として就職できます。特に大規模校であれば、他学部受講制度や大学コンソーシアムの単位互換制度などを活用していくことで大学・学部のミスマッチを挽回できます。

しかし、短大・専門学校だと教育期間が短い分、大学のような余裕はありません。もしも入学後に合わないことに気付いた場合、最悪中退することになります。

短大・専門学校や大学を中退すると、学歴の上では高卒となります。○○大学中退や、××年入学という経歴を時々見かけますが、これらはあくまで自称です。

短大・専門学校を志望する際は、大学進学希望者以上に慎重な選択が求められます。

まずは、短大・専門学校の種類と違いから。

文部科学省のウェブサイトを見ると、短大の定義として「地域の身近な高等教育機関として、短期間で、大学としての教養教育やそれを基礎とした専門教育を提供する」とあります。大学と同様に教養科目が存在するなど教養・学術研究を含む教育機関です。

ただし、看護・医療や保育・幼児教育など専門学校と分野・学科が重複するところもあり、そうした短大の学科は実質的には専門学校とあまり変わりません。

一方、専門学校は専門職を養成する教育機関であり、授業は実習科目が大学・短大よりも多くなります。

卒業すると短大が学位として「短期大学士」、専門学校は称号で「専門士」「高度専門士」をそれぞれ得ることができます。

学位と称号の違いですが、文部科学省は学位は国際的にも通用する、称号は「公に一定の価値・栄誉はありますが、国際的には、どのような知識・能力を持つか理解され難い」としています。

なお、短期大学士、専門士とも取得すると4年制大学への編入学が可能となり、高度専門士だと大学院への入学資格を得ることができます。

今のところ、短大と専門学校は実質的には同じとする見方があります。ただ、この学位・称号の違いは後に影響が出る可能性はあります。

例えば、インバウンド需要を見込んだ外資系ホテルチェーンが、地方にリゾートホテルを

開業するとしましょう。当然ながら、アルバイトだけでなく正社員も採用する必要がありま
す。その際、国際的な基準から大学卒や短大卒だと評価されて、専門学校卒だと評価されな
い、ということは十分にあり得ます。あくまでもそうした可能性がある、という話ではあり
ますが、気になる方には専門学校よりも短大をおすすめします。

○専門学校は種類も色々

次に専門学校の種類です。実は教育関連の法律では「専門学校」の表記は存在しません。
専修学校は高等課程、専門課程、一般課程、職業実践専門課程、それと高度専門士が取得
できる4年制があります。
専修学校以外に各種学校と無認可校も専門学校のカテゴリーに入ります。
高等課程は、中学校卒業者が対象の教育機関です。修了すると高校と同様に大学入学資格
が得られます。
一般課程は入学資格を定めずに教育を展開する課程で、大学受験予備校の本科コースはこ
れに当てはまります。一応、卒業証書も用意しているそうです。
専門課程は高卒程度（またはそれ以上）を対象としており、専修学校の約8割が該当します。
職業実践専門課程は基本は専門課程と同じです。専門課程以上に企業などとの連携が密で

あり、2023年時点で専門学校の学科のうち43・4%を占めます。

各種学校は専修学校よりも認可条件が緩くなります。自動車教習所などはこの各種学校となります。

無認可校は法律に基づかない教育機関です。いわゆる私塾のような扱いになります。

無認可校だと、奨学金の対象外かつ、通学定期の学割なども使えません。きちんと学んだとしても学歴の上では無関係で、高校卒業が最終学歴なら高卒の扱いになります。

○短大・専門学校をどう選ぶ？

専門学校は高校生が想像する以上に様々な種類があります。

では、どのように選べばいいでしょうか。

まず、短期大学士、専門士・高度専門士の称号を得られるかどうかです。

短大は短期大学士の学位を得ることができます。

専門学校のうち、専修学校専門課程・職業実践専門課程、4年制であれば、専門士・高度専門士の称号を得られます。一方、専修学校一般課程、各種学校、無認可校は称号が得られません。

称号を得られるかどうか、見分け方は簡単です。学校名に「専門学校」と入っているか、サイトや入学案内などで「専門士を得られます」などと出ているか、どちらかであれば、専門士・高度専門士の称号を得られます。

なお、校名に「専門学校」が入っていない学校（HAL、日本航空大学校、ホンダ テクニカル カレッジなど）でも、専修学校専門課程・職業実践専門課程、4年制のいずれかである場合があります。

一方、各種学校や無認可校は校名に「専門学校」を入れることができません。そのため、「専門校」「スクール」「学院」などを冠する学校が多くなります。

専門士・高度専門士の称号についても、サイトでは得られない旨が明記されているか、そもそも称号についての記載がありません。

なお、専修学校一般課程については、専門課程・職業実践専門課程を併設していれば校名に「専門学校」が入っています。

では、専修学校一般課程、各種学校、無認可校を志望校候補の対象外とした方がいいかと言えば、そうとも言い切れません。中には特定の分野で優れた教育を展開している学校がありますし、そこに進学することで道を切り開くことができた高校生もいるからです。

目安として、専門士・高度専門士の称号を得られるかどうか、検討してみてください。

○修学支援新制度の確認校かどうか

次に検討して欲しい項目が、修学支援新制度の確認校（対象となっている学校）かどうか、です。修学支援新制度については3章で解説しました。この対象校は全ての大学、短大、専門学校ではなく、慎重に確認が必要です。

専門学校のうち、各種学校、無認可校や専修学校一般課程は対象外です。

さらに、大学・短大・高等専門学校だと「直近3年の収容定員充足率が8割未満」「直近の収容定員充足率が5割以上8割未満／直近の進学・就職率が9割未満」のどちらかに該当する場合は対象外となります。

専門学校だと、「直近3年の収容定員充足率が5割未満」だと対象外となります。

2023年12月1日時点で、大学・短大の非確認校は21校（全体の1・9％）、専門学校の非確認校は556校（全体の21・5％）でした。

なお、大学・短大・専門学校のうち資金に余力のあるところは、修学支援新制度の対象者に対して学校独自の奨学金制度を設け、同等の金額を給付しています。[*1]

○夢追い系か実業系か

3番目に検討して欲しい項目が夢追い系か実業系か、です。

夢追い系とは、漫画、アニメ、声優、音楽、美術、スポーツ、ゲームクリエイター、eスポーツ、ファッションなどの専門学校です。

実業系とは、看護・医療、工業、建築、情報、ホテル・観光、農業、化学などの専門学校です。

夢追い系と実業系の間に位置する中間系が、デザイン、美容・理容、料理・栄養、航空（CA・地上職員など／航空整備士は実業系）、動物、福祉、教育などの専門学校です。

夢追い系の専門学校は、1章でご紹介した声優・緒方さんのコメントにある通りで、進学したからと言って、その分野のプロになれるとは限りません。最低限の技術・知識は身に付きますが、それは大学進学をしたうえでのWスクールなどでも可能です。卒業後、他業界の総合職への転換は難しいです。

この夢追い系を志望校候補とする場合は、その分野での才能・適性がそもそもあるのかどうか、高校内だけでなく校外の大会・コンテストなどで評価されているかどうかが重要です。校外でも客観的に評価されているのであれば、その分野のプロとなれる可能性が高いことを示しています。その場合、夢追い系の専門学校に進学して専門的な教養・知識を身に付けることでプロになれる可能性が高くなります。

一方、そこまでの才能・適性がない場合は、はっきり申し上げてやめた方がいいでしょう。

残酷ですが、才能・適性のなさから方向転換を余儀なくされる可能性があります。どうしても、夢追い系の専門学校に進学したいのであれば、他業界の総合職として就職することが可能な、関連の大学への進学をおすすめします。

夢追い系の対極に位置するのが実業系です。

実業系の専門学校は夢追い系と異なり、高校生の時点で才能・適性があるかどうかをそこまで問われません。そもそも、有無が判明しないからです。

才能・適性の有無よりも、その分野・職種の勉強を本当にしたいのかどうか、本人の意欲が大きく影響します。

また、先に挙げた7分野については、専門学校卒でも待遇が悪いわけではありません。特に看護・医療系や情報系については、大卒並みの条件で採用するところもあります。

○中間系は就職できても低水準

中間系のデザイン、美容・理容、料理・栄養、航空、動物、福祉、教育などの学校は、夢追い系と実業系の中間（もしくは、どちらかに近い）に位置する系統です。
具体的には、次の条件のどちらか、または両方に該当します。

- 夢追い系ほどでないにしても実業系よりは才能・適性がある程度、必要となる
- ➡特に、デザイン、美容・理容、料理・栄養など
- 就職はできても実業系ほど待遇は良くない（低年収、非正規雇用が多い）
- ➡特に、航空、動物、美容・理容、福祉、教育など

この中間系に該当する短大・専門学校の場合、進学する価値があるかどうかは高校生本人だけでなく、短大・専門学校によっても差が生まれます。つまり、一概に「進学する価値がある（ない）」と断言しづらいのです。

ただし、卒業後の待遇については、法律が変わらない限り低い待遇のままという業界・職種が存在します。

高い学費を払って社会人となっても、思ったほど収入が得られないということが起こり得ます。もっと言えば、かなり多いです。

この中間系の短大・専門学校に進学するかどうかを検討する中で、「都道府県名」または

「就職希望（なければ地元）の自治体名」と「採用」「求人」「時給」「月給」などのワードを組み合わせて検索してみてください。

志望校候補の短大・専門学校の就職先一覧に出ている企業・機関名も検索しましょう。採用ページが用意されている場合は、そこに出ている待遇などを確認することです。待遇の善し悪し、現実を知ったうえで進学するかどうか、検討するといいでしょう。

○就職実績の落とし穴

正直、大学・短大に比べて相当に怪しいと言わざるを得ません。

２０１１年、文部科学省からの通知により大学・短大の教育情報公開は大きく変わりました。それ以前は規模の大小にかかわらず、都合の悪い情報を出さない学校が多くありました。しかし２０１１年の通知以降は、きちんと出されるようになりました。

一方、専門学校の認可は各都道府県知事によるものであり、文部科学省の通知は対象外でした。しかし、２０１９年の修学支援新制度の成立により専門学校も対象となり、教育情報や経営情報を出すことが義務付けられました。

就職実績の算出方法で注意すべきは、「比較対象」「母数」「年次の表記」の３点です。

「比較対象」というのは、比較対象を同一条件ではなく、別の条件に変えることによる印象操作です。例えば、

「2023年の大卒者の就職率は75・9%、本学卒業生の就職率は99・5%。本学は大学以上に就職実績がすぐれています」

など、「ウソではないが本当でもない」というものです。

どちらも出している数字は本当です。

しかし、大学の就職率は「卒業者に占める就職者の割合」であるのに対し、専門学校は「本校の就職率」は就職希望者が分母です。

卒業者ベースの就職率で比較しないと意味がないわけですが、事情を知らない高校生や保護者は「そうか、大卒は就職率が悪いのか」と思い込まされてしまいやすいです。付言しますと、卒業者ベースではなく希望者ベースの就職率では、専門学校だけでなく短大・大学のほとんどが高い就職率となります。

2点目の「母数」は1点目と似ています。

「就職希望者450人、就職者443人、就職決定率98・4%」という宣伝があったとしましょう。

就職希望者ベースで就職率を算出すれば、98・4％で間違ってはいません。では、卒業者ベースではどうでしょう。

専門学校の事業報告書を見てみましょう。そこには入学定員や在籍学生数も掲載されており、入学定員は1500人、入学者は平均で1000人。このうち、卒業者が600人。すると、400人は卒業できずに留年か中退をしていることになります。その割合は40・0％。卒業者600人のうち就職希望者が450人、残り150人はどこへ行ったのか、という話にもなります。

就職者443人の場合、卒業者ベースの就職率は73・8％。同じ卒業者ベースだと大卒の就職率75・9％よりも低いことになるわけで、この専門学校は本当にきちんと教育できているのか疑問、と言わざるを得ません。

3点目の「年次の表記」は「主な就職先一覧」によく出ています。

JRなどの鉄道会社、電力会社や有名メーカーなどが並んでいると、「この専門学校は就職実績がすぐれている」と思いがちです。

しかし、その年次の表記をよく見てください。

年次表記、もしくは単年度で出されているかは要確認です。中には、「2024年の主な就職先」「2023年の主な就職先」などと分けて出すところも。

「過去2年間の主な就職先」などとまとめられている場合、2024年卒業者に有名企業就職者が少なくても、2023年卒業者で1人でもいればウソにはなりません。

これがさらに悪いと「過去3年間」「過去5年間」と年数が増えていきます。

もっとひどいと、「過去の主な就職先」となり、年次表記が消えてしまいます。そうなると直近のものか、それとも過去5年間なのか、過去10年間なのか、あいまいで情報として意味がありません。

この手法は専門学校ではよくある手法で、大学・短大でも一定数あります。

以上3点が、注意すべき落とし穴です。

筆者としてはこうした手法は結果的には専門学校の本来の価値を損ねるだけ、と考えます。しかし、専門学校関係者は「就職実績を出して宣伝しないと」という思いが強すぎるのか、こうした手法に走るところが多くあります。

○専門学校の不都合な真実「大卒者もいる」

大学は高校卒業者がほとんどである一方、専門学校は高校卒業者だけでなく大学卒業者が一定数入学しています。

その理由はキャリアチェンジだったり大学では就職できなかったので専門学校に入り直し

た、など様々です。

2023年卒だと、5637人が大学から専門学校に再入学しています。

こうした大卒入学者は、理由がキャリアチェンジであれ就職失敗であれ、少なくとも大学4年間で教養・知識を身に付けています。しかも就職失敗が理由で専門学校に再入学した学生は、専門学校で失敗するともう後がありません。

高卒ストレートで入学した学生とは勉強や就活への意識が異なりますし、きちんと結果を出していきます。

こうした大卒入学者がどれくらいいて、高卒ストレートで入学した学生だけの就職率がどれくらいかという情報は出ません。

こういう不都合な真実が専門学校の就職実績を押し上げていることは知っておいて損はないのではないでしょうか。

◯少子化で危ない短大・専門学校

よく、「少子化で大学入学者が減る」などのニュースがあります。

それで大学が潰れるなどとも言われますが、少子化の影響を受けているのは大学ではなく、短大・専門学校と高卒就職です。

1990年・2000年・2023年を比較すると、大学等進学率（短大を含む）は30・5％↓45・1％↓60・7％、専門学校（専修学校専門課程）は29・8％↓17・2％↓16・2％、高卒就職は35・2％↓18・6％↓14・2％です。

短大・専門学校が減少しているのは、女子の高学歴化（短大進学から大学進学に移行）や家政系・保育系学科の不人気、そして医療職などの高度化・高学歴化が影響しています。

特に看護師や理学療法士・作業療法士などの医療職は1990年代までは短大・専門学校での養成が主でした。それが2000年代に入ってからは大学での養成が主となり、現在に至っています。

こうした背景から、少子化であっても大学が独り勝ち状態、短大・専門学校進学、高卒就職は減少傾向にあります。

これを受けて、短大・専門学校は学校数が減少しています。

1990年から2023年の推移を見ると、大学は507校↓810校と増えたのに対し、短大は593校↓303校、専門学校は専修学校が3300校↓3020校、各種学校は3436校↓1015校となっています。

大学は2025年度から設置認可が厳格化されるため、新設数は鈍化するだろう、と言われています。

しかし、進学者数・率は修学支援新制度の影響や社会の高度化・高学歴化により、今後も伸びていくでしょう。すでに東京都などの都市部は大学進学率が60%台から70%台になっており、今後は地方でもこの流れは同様です。少子化で危なっかしいのは大学よりも短大・専門学校なのです。

○入試時期は大学よりも早くて複雑

短大・専門学校の入試時期は高校生が想像する以上に早く始まります。

下の入試カレンダーをご覧ください。

専門学校のAO入試は大学・短大の総合型選抜、推薦入試は学校推薦型選抜に相当する入試です。

ただし、このスケジュールはあくまでも目安です。

特に専門学校は6月のエントリーより前に、オープンキャンパスを開催しています。これが実質的なエントリーないし面接となっているところもあります。

	総合型選抜	学校推薦型選抜	一般選抜
8月			
9月	9月1日以降出願 入学試験 11月1日合格発表		
10月			
11月		11月1日以降出願 入学試験 12月1日合格発表	
12月			
1月			
2月			2月1日以降出願 入学試験 3月31日までに合格発表
3月			

※短大によって日程が異なるため、詳細は各短大のホームページ等にてご確認ください。

入試カレンダー

大学入試だと、総合型選抜・学校推薦型選抜と一般選抜の入試時期が分かれているところが主流です。

一方、短大・専門学校の場合混在する学校が多く、11月ごろから3月まで、総合型選抜・学校推薦型選抜（専門学校だとＡＯ入試・推薦入試）と、一般選抜が同時並行で進む、カオスな状況になることも。

○入試は面接と書類選考が主流

入試は短大・専門学校とも、面接と書類選考による総合評価が主流です。

書類選考は志望理由書が中心で、エントリーシートの提出を求めるところもあります。

短大・専門学校で志願者数が他校よりは多い公立校や人気校だと、一般選抜で科目試験や小論文、実技などを課すところがあります。

実質的には、面接でほぼ合否が決まるところが多く、もっと言えば、面接さえ受ければまず落ちない短大・専門学校が多数を占めているのが実情です。

これは、大学以上に学生集めに苦戦している短大・専門学校が多く、入学する学生を早く確保したい、と考えるからです。

とは言え、「誰でも簡単に受かるだろう」と見られていた短大・専門学校でも不合格となる高校生は存在します。

理由は、志望理由書があまりにもひどかった、面接での受け答えで意欲を感じなかった、このどちらか（または両方）です。

前者の志望理由書ですが、前章の大学入試の解説にも触れた事情と同じです。短大・専門学校の広報担当者も、志望意欲があまりにも低いのであれば入学を断った方がまだマシです。

そこで志望理由書があまりにもひどい文章だと「いくら何でもひどいから落とした方がまだマシ」となります。

その志望理由書をどうにか書いたとしましょう。それでも、書いた内容をきちんと把握せず、オープンキャンパスなどでも話をきちんと聞いていないと面接では質問に答えられません。

こうした高校生も「落とした方がまだマシ」となってしまいます。

対策としては、志望理由書については前章にまとめたものを参照してください。短大・専門学校でも基本的には同じです。

志望理由書が不十分でも入れてしまう短大・専門学校だったとしても、志望理由書はきちんと練って書いていくことをおすすめします。

文章の書き方は高校卒業と同時に縁が切れるわけではありません。むしろ、高校卒業後、そして就活、社会人生活以降の方がより重要になっていきます。進学すればレポートを書く機会は山のようにあります。就活ではエントリーシートで自己PRをまとめなければなりません。社会人になれば、看護師・医療職でも会社員でも報告書など書類を作る機会が意外とあります。筆者は短大・専門学校進学で志望理由書がなくても入れるところだったとしても、将来を見据えて練った方が良いと考えます。

面接については、オープンキャンパスや高校内の分野別ガイダンスなどで話を聞いたうえで、なぜその短大・専門学校なのか、自分の考えをまとめていくと良いでしょう。

○焦る専門が頼る早期出願というワナ

専門学校のオープンキャンパスは大学以上に充実しており、交通費補助や長距離の無料バスについても手厚く実施する専門学校が多数あります。

さらに宿泊費を出すところもありますし、ランチを無料にする、受験料を参加者特典で無料にするなど、様々な特典を設けています。

それだけではなく、専門学校の一部はオープンキャンパス参加者に対して、最後のプログラムとして個別面談を入れています。ここで、高校生を褒めまくり、そこで「もし、早いうちに決めてくれれば入学金と授業料××万円、割り引くよ」と早期出願割引を持ちかけます。

その額、20万円から50万円。交通費に宿泊費を負担してくれ、学費も割引されると聞いた高校生は、当然ながら舞い上がります。保護者としても、20万、50万の割引は魅力的なお話です。

早速早期出願で進路が決まり、高校生も親も専門学校もみんな幸せになりました。めでたしめでたし……とはなりません。

この早期出願、専門学校の典型的な宣伝であり、全国の高校教員が苦々しく思っている手法です。一部の地方・高校ではこの早期出願を巡り、高校と専門学校がトラブルになることもあります。

筆者もこの早期出願はあまり飛びつかない方が良いと考えます。

理由は簡単で、他の専門学校や短大などを比較検討していないからです。

その専門学校と高校生がうまくマッチングしているのであれば、問題はありません。しかし、もしも入学後に合わないと気付くと、最悪の場合中退することになります。

そうなると、いくら入学金や授業料が割り引かれても、時間とお金を無駄にすることになります。専門学校（短大・大学でも同じ）を中退すると、経歴の上では高卒となります。他の専門学校や短大などに入り直さない限り、高卒として就職先を探さなければならないことになります。

早期出願での志望校決定はこうしたリスクが相当に高い、と言っていいでしょう。

ちなみに、この早期出願、「早期」と言いつつ、専門学校によっては秋ごろになっても持ち出すところがあります。4月・5月ごろから秋ごろまで（ひどいところだと冬以降も）オープンキャンパス参加者全員が早期出願の対象ということです。

高校側もこの早期出願のリスクに気付いており、だからこそ、地方・高校によってはトラブルになっています[*2]。

一方、良心的な専門学校の広報担当者は早期出願をあおらず、他校の見学・オープンキャンパス参加を勧めます。「他をきちんと見たうえで、それでも入学したいと言ってくれるなら来て欲しい」。

本来はこれが当然であるべきなのですが、こういう話をできるほど余裕のある専門学校は少ないのが現状ではあります。

地方、それも都市部の専門学校などにそう簡単に訪問できない高校生は「オープンキャンパスに参加して往復するだけで1日潰れる。それを何日もやれと言われても無理」と思うでしょう。

専門学校は大学・短大と同様、オンラインでのオープンキャンパスや進学相談会を開催しています。現地参加が難しくても、こうしたオンラインのオープンキャンパス・進学相談会も併せて活用することで十分情報収集ができます。

○英語など語学で大卒以上の高年収も

最後に、短大・専門学校進学を検討するうえで一つアドバイスを。

それは高校在学中に英語をきちんと勉強することです。最低でも実用英語技能検定2級、できれば、さらに上の級を目指して話せるようにすること。仮に高校在学中に取得が無理でも、短大・専門学校進学後も勉強を続けてほしいところ。

そうすれば、大卒以上に高年収を得られる可能性が高くなります。

2023年6月、ワイドショーなどで「寿司職人、海外で年収2000万円」というニュースが流れました。[*3]

日本で一流の寿司職人でなくても、数年修業した程度の若手が海外に出たとたん、高年収を得たという内容です。

2000万円はさすがにオーバーにしても、日本の数倍稼げるようになる寿司職人は多いようです。

背景には、そもそも日本が海外、特に欧米に比べて平均年収が低いこと、海外では欧米を中心に日本食が定着しており、特に寿司職人が奪い合いとなっていることなどが挙げられます。これは寿司職人の技術はもちろんですが、それ以上に英語できちんとコミュニケーションを取ることができるかどうか、むしろそちらの方が重要です。

もちろん、上手い話ばかりではなく、日本で学べるはずの技術が海外だと学べない、海外だと高年収となっても医療費や住宅費に生活費などが高い、などのデメリットもあります。それでも、英語力の有無で人生の選択肢が増えることは確かです。

無理に海外に行かずとも稼げる方法はあります。近年、北海道ニセコ町や東京都豊洲などインバウンドの観光客が集結する観光拠点では、1杯1万円超の高額な海鮮丼が登場し、「インバウン丼」として話題になりました。

今後、こうしたインバウンド客をあてこんだ寿司屋や海鮮丼屋は増えていくでしょう。そうなると、同じ寿司屋でも英語ができなければそれなりの給料、英語ができればその分手当を出す、あるいは、優先して採用するという事態は十分に考えられます。

英語力の有無で変わるのは寿司職人だけではありません。寿司以外の料理人やホテル・観光業なども同様です。

しかも、インバウンド需要は東京や大阪、北海道などメジャーな観光地だけではありません。これまでインバウンドが少なかった地方が急に増えることがあります。実際に2023年は岩手県、2024年は山口県が注目されています。ということは、現在の高校生が短大・

専門学校経由で就職をする頃には別の地方でもインバウンドが増えている可能性は十分にあります。

それから、夢追い系・中間系の短大・専門学校に進学し、当初目指していた業界・職種での就職がうまく行かなかったとしましょう。

その場合でも、英語力があるかどうかで変わってきます。英語力が高ければ、専門職傾向の短大・専門学校だったとしても総合職の正社員として採用したい、あるいは、他のアルバイトよりも高い時給にする、という企業は間違いなくあります。

進路に合った就職であっても、そうでなくても、活かせる可能性が極めて高いのが英語なのです。高校在学中も高校卒業後も頑張って勉強するべきでしょう。

○国公立大に編入可能な短大

短大を卒業すると、4年制大学の3年次に編入することが可能となります。指定校制度があったり、系列校だと編入枠が確保されていたりします。

特に公立短大の文系学科は国公立大への編入実績が高く、注目されています。

公立短大は2024年現在、全国にわずか14校です。このうち、大月短期大学(山梨県)、三重短期大学(三重県)、大分県立芸術文化短期大学(大分県)、山形県立米沢女子短期大学(山形県）、会津大学短期大学部（福島県）は編入実績が特に高いです。

○ おすすめの短大10選

次に、おすすめできる短大10校・グループを紹介します。

①新島学園短期大学（群馬県）

私立短大で文系の国公立大学編入がトップ。高崎市郊外にあるので通学しやすいところも強み。

②産業技術短期大学（兵庫県）

私立の短大で、理工系の国公立大学編入がトップ。2024年に追手門学院大学との統合を発表。

③戸板女子短期大学（東京都）

9割が定員割れの短大業界の中で定員超過し、注目の短大。コミュニケーション力やプレゼンテーション力を徹底的に鍛え、高い就職実績を誇る。それが次の学生獲得につながる好循環に。

④大規模4年制大学の系列校

卒業後に、系列の4年制大学への編入が可能。國學院大學栃木短期大学（栃木県）、國學院大學北海道短期大学部（北海道）、拓殖大学北海道短期大学部（北海道）、共立女子短期大学（東京都）、創価女子短期大学（東京都）、帝京大学短期大学（東京都）、東京家政大学短期大学部（東京都）、日本大学短期大学部（千葉県、静岡県）、京都外国語短期大学（京都府／京都外国語大学）、龍谷大学短期大学部（京都府）、関西外国語大学短期大学部（大阪府）、近畿大学九州短期大学（福岡県）など。

⑤近畿大学短期大学部（大阪府）

近畿大学の系列校。学科は商経科で昼間、夜間どちらでも受講が可能。大学編入は、近畿大学以外に国公立も一定数いる。

⑥地元で評価が高い短大

北海道武蔵女子短期大学（北海道）は北海道内で「就職できる短大」として有名。他にも

仙台青葉学院短期大学（宮城県）、高崎商科大学短期大学（群馬県）、共愛学園前橋国際大学短期大学部（群馬県）、金沢星稜大学女子短期大学部（石川県）、金城大学短期大学部（石川県）、飯田短期大学（長野県）、松本大学松商短期大学部（長野県）、常葉大学短期大学部（静岡県）、京都経済短期大学（京都府）、就実短期大学（岡山県）、香川短期大学（香川県）、九州産業大学造形短期大学部（福岡県）、福岡工業大学短期大学部（福岡県）など。

⑦湘北短期大学（神奈川県）

ソニーが母体の短大。4年制大学の編入も、私大を中心に一定数いる。

⑧倉敷市立短期大学（岡山県）

岡山県唯一の公立短大。服飾美術学科は、公立でアパレル関連というユニークな学科。公立なので学費が安く、就職先はアパレル業界が多数。

⑨東洋食品工業短期大学（兵庫県）

東洋製罐の創業者が設立。食品包装のプロを育成。就職先は母体の東洋製罐だけでなく、東洋水産、森永乳業など食品メーカー各社がほとんど。

⑩東京交通短期大学（東京都）

日本で唯一の運輸科がある短大。就職者の80％はＪＲや京浜急行電鉄など鉄道業界へ。

○おすすめできる専門学校10選＋番外2選

専門学校について、かなりネガティブな情報を出してきましたが、ここからはおすすめしたい専門学校10種と、番外編を2種を紹介します。

①公立の看護・医療系

全国に124校あり、公立なので学費が安く、伝統校も多くある。人気が高く、専門学校としては入試をきちんと実施している例外的な存在。看護系だと多くが3年制で、卒業すると看護師の国家試験受験資格が得られる。

②公立の農業・林業・園芸系

全国に35校。農業・林業従事者の養成が主だが、４年制大学の農業系学部編入も一定数いる。

③公立の美術・デザイン系

全国に3校（富山市立富山ガラス造形研究所、山梨県立宝石美術専門学校、大阪市立デザイン研究所）。美術系なのに公立だけあって学費が安め。山梨・大阪の2校は伝統校。富山は新設だが、地域産業の振興ために新たに専門学校が立ち上げられたことは、それだけ地元の期待が高いことを示している。

④公立の文系学科

全国に3校（富山市立富山外国語専門学校、甲府市立甲府商科専門学校、熊本市立総合ビジネス専門学校）。富山は4年制大学編入に熱心で、毎年5～10人が編入。富山大学から編入のための講師も招へい。

⑤大学病院付属または医師会・医療法人が運営する看護・医療系

実習先の病院が確保されており、一部では卒業後の一定期間の就業を条件に学費を減免する奨学金制度を設けるところも（途中でやめた場合は返還義務あり）。なお、ほとんどが3年制。2年制だと、看護師ではなく准看護師という別の職種になるので確認が必要。

⑥美術・デザイン系の伝統校

代表的なところは桑沢デザイン研究所（東京都）。美術系学部志望者の間では併願校として検討される。他にもお茶の水美術専門学校や青山製図専門学校（どちらも東京都）などの伝統校は、関連業界からも高く評価されている。

⑦IT系学科

人材不足が続くIT業界では、専門学校卒の就活でも売り手市場が続いている。日本電子専門学校（東京都）、東北電子専門学校（宮城県）、東京電子専門学校（東京都）、日本理工情報専門学校（大阪府）、神戸電子専門学校（兵庫県）など。

⑧航空系の伝統校

中日本航空専門学校（岐阜県）、日本航空大学校（石川県）など。航空整備士やCA、グランドスタッフの養成を長く手掛けており航空業界からの信頼も厚く、就職も安定。

⑨東洋公衆衛生学院（東京都）などの伝統校

同校は臨床検査技師と診療放射線技師を養成する専門学校で、1966年設立の伝統校（両学科とも3年制）。このような伝統校は各分野にあるため、専門学校進学の際にはその学校の沿革なども調べてみることをおすすめする。

⑩エプソン情報科学専門学校（長野県）などの企業・グループが設立した専門学校

同校はセイコーエプソン系列であり、エプソン特進クラスに進むとセイコーエプソンに優先入社することができる。他にもトヨタ東京自動車大学校（トヨタ自動車）、ホンダテクニカルカレッジ（本田技研工業）など。穴吹カレッジグループ（穴吹工務店／中・四国に14校）、麻生専門学校グループ（麻生グループ／福岡県に13校）などは企業連携が強い。

番外編 1：全国の高等専門学校

専門学校とは別の校種であり、全国に58校。公立3校、私立4校、他51校は全て国立。5年制で中学卒業者を入学資格としており、卒業すると準学士の学位が得られるほか、4年制大学への編入が可能。多くが工業系で、産業界から強い支持を受けている。若干名ながら4年次編入を受け入れているため、高校卒業後に4年次編入も可能。しかし、入試は激戦となりやすいこと、基本は5年間一貫教育なので、短大や専門学校のように新入学者ばかりではないこと（むしろ編入者は少数派）などがデメリット。国立・公立はそれほど学費が高くなく、理工系志望者に向いている。

番外編2：職業能力開発大学校・職業能力開発短期大学校

高卒者などを対象に、高度職業訓練を目的とした教育施設。2024年現在、大学校が10校、短期大学校が16校ある。大学校・短期大学校という名前ではあるものの、文部科学省が所管する大学・短大ではなく、高度職業訓練が目的のため学位はない。進学者は高校生だけでなく既卒者（社会人）も一定数いる。卒業すると、各校とも関連分野に就職可能。理工系大学と同等の施設を誇り、実習時間も長いため、同等の専門学校よりはこちらの方が有効との見方も。短期大学校を卒業後は大学校への編入が可能であり、このうち職業能力開発総合大学校（東京都）に進学・卒業すると、学士（生産技術）を取得することができる。また、2022年の法改正以降、国から特区指定を受けると、職業能力開発短期大学校から同じ特区内の大学に3年次編入することが可能に。（現在は4県5校が特区指定）

こうすれば楽しめる「就活」の戦略と戦術

（高野一郎、セルバ出版、2019年）

短大・専門学校進学者は大学進学者よりも早く社会に出ることになる。中でも、情報・工業・農業や観光・サービス関連などの分野だと、大卒就活とほぼ同じ内容になる。就活であれば拙著『ゼロから始める就活まるごとガイド2026年度版』（講談社、2024年）を読んで欲しいところ。拙著以外で、となると、おすすめできるのが同書。著者は西南学院大学、福岡大学などでキャリア講義の講師を担当するキャリアコンサルタント。それだけに就活を分かりやすく解説している。同書を早い時期に読むことで就活への意識を高めるといいだろう。

全国短大進学ガイド 螢雪時代特別編集

（旺文社）

短大進学者の多い高校では間違いなく進路指導室に置いてあるであろう、短大の情報ガイド。学科、資格、就職、学費、編入学実績などをまとめている。筆者は仕事柄、バックナンバーを揃えているが、年々掲載校が減少。2024年度版でも索引一覧で4校が募集停止の表示になっていた。今後も短大は大きく変わる見込みであり、それを示すガイドブックでもある。

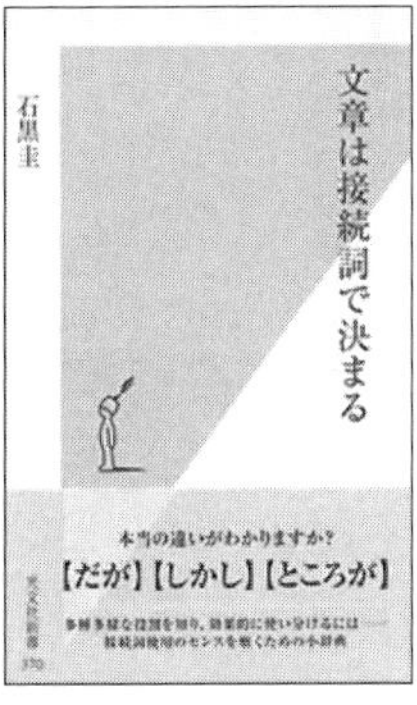

文章は接続詞で決まる

（石黒圭、光文社新書、2008年）

志望理由書対策になるだけではなく、短大・専門学校進学者のキャリアを考えれば読んでおきたい一冊。短大・専門学校進学者は大学進学者よりも早く就職することになる。就活ではエントリーシートで自己PRなどを書く必要がある。社会に出ても報告書など文章を書く機会は高校生の想像以上に多い。同書は言語学者による接続詞の使い方を解説した新書で2008年の刊行後も売れ続けているロングセラーだ。文章を分かりやすくするために必要となるのが接続詞であり、同書を読めば文章力は確実に上がる。志望理由書対策に役立つ新書は他に、『20歳の自分に受けさせたい文章講義』（古賀史健、星海社新書、2012年）などもおすすめ。

第7章

成績が普通でも明暗が分かれる高卒就職

○高卒就職が誤解される背景は

この章では高卒就職について解説します。

高卒就職は、高校生だけでなく高校教員や保護者、あるいは社会全般が誤解しています。その誤解も1つだけでなく複数あり、それがまた高卒就職の誤解をより複雑にしています。その結果、本来であれば高卒就職でより良い条件の企業に就職できるはずの高校生が、悪条件の企業に就職してしまうことも珍しくはありません。

本章では、その誤解についても説明しながら、高卒就職を希望する高校生がより良い条件で働けるよう、解説していきます。

高卒就職が誤解だらけになってしまう背景には、少数派であること、情報の少なさ、閉鎖性の3点があります。

1点目の少数派であること。高卒就職者は2000年に10%台になってから、一度も20%台を回復せず低迷しています。2023年高校卒業者に占める就職率は14・2%、全国で13万6509人でした。

高卒就職者が一定数を占める都道府県はあります。2023年卒業者では、佐賀県（28・0%）、山口県（27・3%）、福島県（25・7%）、岩手県（25・6%）など、全国で14の都道府県では20

%を超えています。それでも、人数で言えば多くても9000人台で、1万人超の県はありません。

2点目の情報の少なさは、1点目の少数派と関連があります。

高卒就職のピークだった1961年（64・0%）はもちろんのこと、バブル期を含む1980年代でも、高卒就職関連の本・雑誌はほぼありませんでした。まして、10%台を推移している2000年以降はなおさらです。全国区の大卒就職に比べ、市場が著しく小さいのです。

ネットでは、2010年代以降高卒就職ビジネスが拡大していったこともあり、関連サイトなどで閲覧は可能です。それでも、大学進学や短大・専門学校関連の情報に比べればごくわずかです。

3点目の閉鎖性は、地元就職の多さです。高卒就職は地域内での就職が大半であり、その対応も高校の就職指導教員が一手に担っているのが現状です。もちろん、全国区の企業の採用、あるいは違う地域から採用したいと考える企業もありますが、うまく行っているとは言えません。

こうした背景から、高卒就職は誤解されやすいのです。

○高卒就職の「1人1社制」という慣習

では、どのような誤解があるのか、解説していきます。

具体的には、「1人1社制」、「成績中位以下は選べない」、「高卒就職は給料が安くてもいい・負け組」、この3点です。

まずは「1人1社制」から。

大学生などの就活は、同時並行で複数の企業の選考に参加します。

一方、高卒就活の場合は大学生のように自由に選考に参加できるわけではありません。一般的には高校が生徒を推薦。生徒はその推薦を受けて応募する形になります。

そして、この推薦は一度に1社しか受けられません。これが1人1社制度です。選考で落ちた場合は、改めて推薦を受けて別企業の選考に参加していきます。

この1人1社制度は「自由応募だと学業に影響が出る」という理由によるものです。

1950年代から始まり、現在も高卒就職のルールとして定着しています。

○複数応募制に転換しても意味がない？

この1人1社制により生まれている誤解は、「1人1社制度は高卒市場を硬直化させている」「高校生と企業がミスマッチで早期離職につながる」というものです。これは企業側や政治家・行政の一部で主張されています。

実際、就職状況が氷河期だった2002年に、厚生労働省・文部科学省は2003年卒業者からの見直しを決め、「1次募集から複数応募が可能」「1次募集は1社とし、それ以降は複数応募が可能」の2種類を提示しました。これを受けて秋田県、沖縄県など36都府県が導入しました。

が、2003年時点で就職活動解禁日から複数応募を認めたのは、秋田県と沖縄県のみ。他34都道府県が10月、11月以降に複数応募を認める形式でした。

複数応募を認めた秋田県でも9月末までに複数応募をした高校生は12%。厚生労働省が47都道府県にアンケートを取ったところ、複数応募制について「機能していない」との回答が13都府県もありました。

その後1人1社制度に戻す県もあり、複数応募制は定着しなかったのです。

2020年には、文部科学省と厚生労働省が1人1社制見直しを求める報告書をまとめました。背景には成人年齢の引き下げがあります。18歳が成人年齢となり、「成人しているのに職業選択の自由を認めないのはおかしい」という論が出たのです。

その結果、和歌山県、大阪府、茨城県が複数応募制に転換しました。

ただ、高卒就職を指導する高校教員に取材すると、生徒は就職希望であっても企業選びにそこまで熱心ではない、制度としては複数応募でも、企業の求人は「単願」、つまり、複数応募を認めていないなどの声があります。

結果的に、複数応募制が制度としては認められているものの、完全に機能させられていないというのが実情です。

○1人1社制を誤解する高校教員も

1人1社制度に対する高校教員の誤解も、まだ強く残っています。

早期の就活行事・イベントや情報収集について「1人1社制度があるから」という理由で反対するということも。

取材すると、様々なパターンがあります。

「工場の一般公開などを休みの日に行ってはどうか、と勧めたところ、『8月に企業見学があるのでそれまではダメ』と言われた」

「求人票のコピー配布までは、企業サイトの閲覧もおかしい、と主張する教員の根拠が1人1社制度だった」など、教員内での誤解も複数応募制の機能不全の一因となっています。

工場見学を一般公開しているのであれば良い機会だと思いますし、企業サイトの閲覧は誰でも簡単にできる時代です。早い段階から様々な企業の研究をしてみると良いでしょう。

中には、高校2年生秋ごろから就職希望者向けに就活支援講座を開催する高校や、分野別ガイダンスで企業を招へいして複数社の話を聞けるようにしている高校もあります。

高卒就職については、高校または教員によってとらえ方、環境が異なっているのが現状です。

○「成績上位でなければ人生オワタ」の誤解

高校生たちの中でも、大きな誤解があります。

「成績が上位でなければ優良企業を選べない」「成績が中・下位ならブラック企業しか残っていない」など、企業選びについての誤解です。

全部誤解かと言えばそうではなく、地方の金融機関や電力会社など優良企業は、成績上位者が推薦されます。

指導する高校からすれば当然と言えば当然です。成績上位の優秀な生徒を推薦すれば「あの高校の生徒は優秀だ」と企業が評価、場合によっては推薦枠の人数が増えることもあります。

しかし、成績が中・下位の高校生からすれば「どうせ自分は推薦されないし」と、就活への熱意を失ってしまいます。

大卒就活は企業の選択肢が多く、さらに、記念受験（とても内定を取れそうにはないがエントリー・選考参加だけはする）によって熱意を保つ、という手法はあります。

ただ、高卒就活、特に地方だと「企業の選択肢が少ない」という誤解が生徒、保護者ともに強くあります。自由応募もできないため、就活への熱意を持てと言われても意気が揚がらないまま卒業を迎えることすらあります。

後述しますが、地元の有名企業への推薦が得られなかった成績中・下位の高校生は、企業選びについてもっと熱意を注ぐべきです。それで自分の将来が大きく変わることになります。

○「受験失敗で仕方なく」「給料は安くてもいい」という社会のトンデモ誤解

最後に、高卒就職そのものへ、広く誤解、偏見があることを指摘しておきます。

「大学受験などで失敗したから、仕方なく高卒就職を選んだのだろう」というもの、さらには「高校の成績が中・下位で大学進学ができなかったからだろう」というものすらあります。

本章のはじめでも、高卒就職の割合の低さについては触れましたが、それは下位の十数パーセントが仕方なく就職しているわけではないということは、ここではっきり伝えておきます。実際に、筆者もこれまでに高校生向け進路本の企画提案をしたところ、高卒就職の章について強く反対されたことが一度ならずあります。理由は前記のような誤解によるものでした。残念ながらこのような認識は、社会に広く存在しているものであることも事実です。

さらに、企業側の誤解として「高卒採用なのだから、給料は安くて良いだろう」というものもあります。

人材不足が続いているのであれば、企業は給料や雇用条件を上げていくものです。実際に、大卒採用ではそうなっていますし、だからこそ、3章でご紹介したような奨学金返済支援制度が広まっています。

しかし、高卒採用については大卒採用ほど給料や雇用条件を上げているとは言えません。後述しますが、すべての企業がそうではなく、企業によってはきちんと高卒採用の待遇を上げています。

ただ、高卒就職において格差が生まれていることは無視できません。

○問題だらけだからこそ自衛せよ

愛知県など工業が盛んな地域であれば工業高校だけでなく、普通科の高校にも求人が寄せられます。そうなっていない地方もあり、地方格差は間違いなく存在します。

同じ地方でも工業高校や商業高校には求人があり、普通科高校には求人がないなどの高校格差、就職についての指導力や熱意があるかどうかの教員格差も存在します。

さらに、地方に全国区の流通チェーンや外資系ホテルなどが進出して高卒採用をしようとしても、地元の高校が相手にしてくれない（その時間がない）という声も取材の中でよく耳にします。

このように、高卒就職には様々な誤解や格差、問題点が存在し、それぞれすぐに解決するものではありません。

しかし、高卒就職を目指す高校生たちには、「めげるな、自衛しろ」と伝えたい。

高卒就職について、社会の側が理解を深め、改善するべきことは山のようにあります。それができていない以上、高校生の側が自己防衛するしかありません。

手っ取り早いのは、高校内での成績を上げる、きちんと出席していくことです。成績上位であれば、地元の優良企業の推薦を得やすくなります。

では、成績が中・下位、高校1年生のときに遅刻・欠席が多かった場合は？

大丈夫、そうした高校生こそ、就職対策をきちんと進めるべきです。

そうすれば、成績上位の同級生に追いつき、あるいは追い越すことも不可能ではありません。

○3人に1人が早期退職してしまう理由

厚生労働省『新規学卒就職者の離職状況（令和2年3月卒業者）』（2023）によると、高卒就職者の3年以内離職率は、1980年代以降30〜40％を推移しており、2020年は37・0％でした。

同調査には大卒就職者の3年以内離職率も出ていますが、こちらも30％台を推移しており、2020年は32・3％でした。

ただ、推移を見ていくと、高卒就職者の離職率の最高値が2000年の50・3％であるのに対し、大卒就職者の離職率の最高値は2004年の36・6％と、比較的低い数値にとどまっています。他の年についても、大卒就職者の離職率の方が低い水準となっています。

さらに問題なのは、高卒就職者の転職の難しさです。

大卒者の場合、転職市場では大卒の肩書があり有利に進められる一方で、高卒者の場合、転職市場では大卒の肩書がなく、「大卒以上」を条件とする求人がことごとく対象外となってしまいます。

もちろん、転職市場は拡大傾向にあり、転職は可能です。ただし、大卒者に比べて低い条件の求人が多いと言わざるを得ません。

では、なぜ高卒就職者は3年以内離職率が30〜40％台で高止まりしていたのでしょうか？

理由について、高卒就職にかかわる高校教員や関係者の間では意見が分かれています。筆者は前記のような様々な誤解が積み重なっていることに加え、ミスマッチによるものだったと考えています。

リクルートワークス研究所の2021年の調査によると、高卒就職をした人のうち半数以上が「1社だけを調べて見て、1社だけに応募し、1社に内定」と回答しています。[*1]

大卒就活では、同時に10社から20社、就職氷河期では50社から100社、同時に調べ比較検討をしたうえで選考に参加するが常識です。それに対し1社のみを調べ選考に進む高卒就職は、ミスマッチが起こりやすいのは当然でしょう。

さらに、前半で触れたような求人票公開までは高校生の企業調べに後ろ向きな高校または指導教員の場合は、より制限されてしまいます。

○地味に広がる高卒就職サイトを使う

もちろん、いくら企業を調べてもミスマッチは起こり得ます。

それは高卒就職に限らず、大卒就職であろうと中途採用であろうと、プライベートであろうと、何でも同じです。

ただし、何事も、比較検討をしたうえでどうするかを決断していくと、ミスマッチが起こる可能性は下げられます。

まして、高卒就職は高校卒業と同時に社会人となります。学生以上に責任が伴う選択をするというときに、企業調べが1社のみで十分なわけがありません。

そこで高卒就職希望の高校生にアドバイスしたいのが、就職情報サイトの登録、卒業生の多い企業のサイト検索、一般可能な見学、分野別ガイダンスの活用、合同企業説明会の活用の5点です。

まずは、就職情報サイトから。

本章の冒頭で高卒就職について、関連書籍・雑誌を含む情報が少ないことを指摘しました。実は2010年代後半から風向きが変わり、高卒就職支援に特化した企業が増えていきます。

例えば、株式会社ジンジブ、株式会社アッテミー、株式会社ハリアー研究所。

この3社は、全国区の高卒就職情報サイトを運営しています（ジンジブは「ジョブドラフト Navi」、アッテミーは、高校生向けインターンシップマッチングサイト「アッテミー」、ハリアー研究所は「ハリケンナビ」）。

ハリアー研究所は高卒就職を含む進路情報誌『高卒進路』も刊行しています。

就職情報サイトは他にも株式会社プレースメントの「高卒 JobNavi」などもあります。

こうした就職情報サイトは、高卒就職希望の高校生にとって強い味方となります。

就職情報サイトは各社特徴があり、機能・検索項目や特集なども異なります。筆者が確認した時点では「ジョブドラフトNavi」だと履歴書作成機能、「ハリケンナビ」には「職場見学旅費応援の企業特集」が掲載されていました。

就職情報サイトのいいところは、地域内の企業だけでなく地域外の企業についても検索可能であること、地域内でも全国区企業の支店・工場進出に伴う求人情報が充実している点です。求人情報も掲載されているので、給料や福利厚生などの条件も見ることができます。他社の雇用条件を比較検討することが可能であり、高校3年生だけでなく、1・2年生にも参考になります。

○雇用者数の多い企業のサイトを見よう

2点目の「卒業生の多い企業のサイト検索」について。

高校の進路ページや進路指導室の冊子を見ていくと、主な就職先が掲載されています。地元の金融機関や電力・鉄道系企業や卒業者の多い企業については、その企業の採用ページを調べてみるのが良いです。その際は、成績上位者しか就職できそうにない企業も含めて調べていきましょう。

企業名や業務内容、給料・福利厚生などを書きだしていってみてください。1社・2社ならまだしも、5社・10社と増えていくと、給料や福利厚生などは企業により差があることを理解できるはずです。

さらに調べるのならば、大卒就職情報サイトのマイナビ、リクナビ、キャリタス就活などでも企業検索をしてみることをおすすめします。大卒就職情報サイトは、先輩社員のインタビューなど企業情報が充実していますし、大卒と高卒の雇用条件がどれくらい異なるのか見てみるのも良いでしょう。

○一般公開ありなら早期の見学を

3点目の「一般可能な見学」は、就活に合わせた企業訪問や見学ではなく、一般に公開されている、社会見学などで参加するような見学です。

企業訪問・見学については、どの高校でも3年生夏に実施していますが、あわただしい時期に見学できる企業数はどうしても限度があります。

大学のオープンキャンパスに参加するのと同じく、たとえその企業や工場が就職希望先ではなかったとしても、その業界や企業について勉強になったり、自分の興味があるものを見つけるきっかけになったりするかもしれません。

小売・流通業界志望者であれば、地域内にある店舗を利用してみるのもアリです。飲食店なら食事をする、スーパーであれば見て回る（ついでに買い物）、これも「一般可能な見学」です。

建設・土木関連業界だと、さすがに工事現場を勝手に見学するわけには行きません。ただ、建設・土木関連業界など人不足の業界は関連団体が高校生を対象としたイベントを開催することは増えています。

熱心な高校だと、そうした情報を掲示します。そうでない高校だったとしても、関連団体のサイトなどを見ていれば情報が掲載されています。関連団体や自治体などのサイトを定期的に確認するよう癖をつけると良いです。[*2]

○合同企業説明会は良い機会

4点目の「分野別ガイダンスの活用」、5点目の「合同企業説明会の活用」は少し似たものになります。

1点目でご紹介したジンジブやハリアー研究所などの高卒就職支援企業や各地のハローワークなどは、高卒就職希望者向けの合同企業説明会を展開しています。複数の企業や団体が集まって行うため、一度に様々な業界の企業を知ることができます。一部の高校は授業の一環で見学を組み込んでいます。

高校2〜3年生6月ごろまでに校内で実施される分野別ガイダンスでは、採用者数の多い企業を招へいし、分野ごとにどのような企業があるのかを知ることができます。

いずれも、企業の話をまとめて聞ける良い機会ですので、働き方などを含めて積極的に質問しましょう。

○企業は選ぶ側と選ばれる側の両方あり

就職は高卒であれ大卒であれ、採用して欲しいと考える学生と、採用したいと考える企業、両方が存在してはじめて成立します。

では、どちらの立場が上でどちらが下でしょうか。

筆者は、どちらが上でどちらが下ではなく、基本的に対等と考えます。

もちろん、企業側は莫大な資本金を持っており、高卒採用のためのコストを相当額支払っています。そのうえで採用すれば給料を出すため、「企業側が上」という発想もあります。しかし、それを言うのであれば、企業は従業員を確保することでビジネスを拡大し、利益を増やしています。その利益から相応の給料を支払うわけです。

もちろん選考に参加しているときには、面接担当者などに対してマナーをもって接することが必要です。

しかし、高校生は企業に選ばれる側であると同時に、企業を選ぶ側でもあるのです。

社会経験の少ない高校生には難しいかもしれませんが、それでも様々な企業がある前提で高卒就職に臨んで欲しい、と筆者は考えます。

企業も高校生が想像する以上に色々あります。高卒出身者をきちんと処遇している企業もあれば、そうでない企業もあります。これは地域や業界によって分けることはできません。

本章で、高卒就職に対する企業側の誤解について触れました。もちろん、あってはならないことですが、高卒者の処遇が目立って悪い企業は残念ながら存在します。

ある物流企業は、高卒採用の社員が3年以内にほぼ全員、辞めてしまいます。理由は簡単で、ひたすら箱詰めと品出しをするだけ。アルバイトだってできる仕事を高卒で採用しているからです。

さらに、募集を工業高校生限定としており、その理由は「たまにフォークリフトを動かすので工業高校の方が良さそう」というイメージだけです。その「たまに」も年数回程度。新入社員が3年で全員辞めて当然です。

こういう企業の採用は、実際は高卒就職である必然性などどこにもなく、使い捨て人材くらいに思っているからこういう採用を続けているのです。

こうした企業に就職しないためにも、高校生にはきちんと比較検討をする、そのうえで選ぶ側・選ばれる側の両方であることを自覚して欲しい、と考えます。

○仕事と夜間大学を両立させる静岡銀行

高卒就職について前項ではネガティブな側面を解説しましたが、一方できちんと処遇する企業もあります。

特に、給料や福利厚生とは別に、ノウハウ・スキルの教育について、その費用を企業側が負担する採用手法が広がっています。

例として、静岡銀行、全国のバス会社の取り組みを紹介します。

静岡銀行は2020年、27年ぶりに高卒採用を復活させました。

採用人数は5~10人程度で、入行した場合昼間は支店などで働き、同時に定時制・通信制の大学で学びます。受験料や学費は静岡銀行が負担します。

企業（静岡銀行）からすれば、昼間は働いてもらうとはいえ、大学の授業に配慮し、完全にフルタイムとはいかないうえ、1人あたり数百万円の投資になります。一見企業側にはメリットが少ないように感じますが、確実に大卒社員を確保でき、昼間に4年間働いてもらうことによって、一般的な新卒社員が受ける研修などを省くことができます。奨学金返済支援制度と同じく、企業からすれば新卒採用や中途採用で1人当たり数百万円ないしそれ以上の金額がかかることを考えれば、学費負担は「安い買い物」なのです。

もちろん、静岡銀行は地方銀行の中でも優良経営であることで有名であり、だからこそできる方策とも言えるでしょう。

それでも、静岡銀行が高卒採用を再開した意義は大きく、今後同様の手法を取る金融機関や企業が増えてくる可能性が高いと考えます。

○大型二種免許がなくても見習い採用

静岡銀行と似た採用手法が「運転士見習い採用」です。この採用方法は全国のバス会社で広がっています。

路線バスを運転する運転士は大型二種免許が必要です。当然ながら高校生は大型二種免許を取得していないので、求人そのものがありませんでした。

しかし、バス運転士不足は深刻であり、さらに2024年問題（過労死を防止するための長時間労働の防止など）などでさらに不足。地方だけでなく首都圏・関西圏でも、路線バスの一部を需要があっても廃止・減便するなどの対応を強いられています。

この運転士不足に対応するために導入されたのが、高卒者対象の「運転士見習い採用」です。入社すると、営業所などに勤務しつつ大型二種免許取得のための勉強を進めます。

大型二種免許が取得できるようになるまで（特別な教習を修了し、19歳以上、かつ普通免許取得から1年経過）の通常業務も、給料はきちんと出ます。また、大型二種免許取得のための費用などもバス会社側が負担します。

即効性はないものの、それでも運転士を確保したいという思いがあります。静岡銀行やバス会社のように、大学や大型二種免許取得のための時間・費用を企業側が負担する、という採用手法は今後も増えていくでしょう。

日本では以前から、メーカーを中心に企業内大学（正式な教育機関ではなく、研修機関）を持つところがあります。これも、静岡銀行やバス会社と同じく、「ノウハウ・スキルの一部を企業側が負担」です。

こうした企業側の方策も調べていくといいでしょう。

○志望理由書はポジティブに書け

志望理由書は大学進学、短大・専門学校進学、それぞれで登場していますが、高卒就職でも同様です。

高卒就職では進学者以上に志望理由書が重要です。

単に書いて終わるだけでなく、内容の一部を面接で話す必要があります。

志望理由書についても5章の解説と基本は同じですが、高卒就職においては特に、「余計な話を書くな」、「本人スルーの情報」の2点を注意してください。

前者について、高卒就職希望者はこの余計な話を書いてしまう人が多い印象があります。「大学に進学できなかったので」「親に地元に残ってほしいと言われた」などで、それが事実だとしても、志望理由書でわざわざ書く話ではありません。

1章で大卒就活における見込み採用について解説しましたが、これは高卒就職も同じです。それが志望理由書で「大学進学できなかった」などと書くとどうなるでしょうか。

「ああ、この高校生は大学進学をしたかったけど、仕方なく高卒就職に変えたのか。それをわざわざ志望理由書に書くのは、それだけ未練があるのだな。ということは、ちょっとした失敗をしても、すぐ切り替えられずに意欲を低下させてしまいそうだな」

と、企業側はネガティブな見込みをしてしまいます。

「大学進学をしたかったけどできなかった」以外にも「親から言われた」（親の言いなりか）、「自転車で通えるから」（他地域の転勤が嫌なのか）、「CMをよく見るから」（企業研究はその程度か）、「将来は独立したいから」（うちは数年で辞める気か）など、余計なことを書くと裏目に出てしまうだけです。

色々な感情があるとしても、読み手である企業の担当者がどう捉えるかを考え、余計な感情は志望理由書に書くべきではありません。*3

○本人スルーの情報こそ大事

では、志望理由書には何を書けばいいのか、それは簡単です。

企業が良い見込みを持てるような内容を書けばいいのです。

こうアドバイスすると、「そんなの、ないから」と思う高校生も少なくないでしょう。

高校3年間、本当に何もなかったでしょうか？

留年ギリギリで遅刻・欠席ばかり、宿題も必要最低限しかしない、部活は特にしない、委員会活動もなし、校内では先生や同級生とはほぼ会話しない、アルバイトもしない、家に帰っても家事など手伝うわけでもなく家族と話すわけでもない。本を読むわけでもないしゲームも動画も何もなし……。

全てに該当するなら「そんなの、ないから」は正しいと認めましょう。

実際は、本人が自覚していなくても、何かはあるものです。自覚していない、本人スルーの情報を志望理由書に書けばいいのです。

本人スルーの情報、具体的には高校3年間で長く続けたもの、できれば半年以上続けたもの。あれば、それを書いていきましょう。

実際に志望理由書の例を見てみましょう。

高卒就職の志望理由書（添削前）

私は、人とかかわるのが好きで、運動をすることも好きなので、色々な国の人と関わることのできる、ホテルのフロントスタッフになりたいと思いました。

私がこのホテルを志望しようと思ったのは、××県じまんのきれいな海が近くにあって、ホテルのふんいきが明るくて、観光客が沢山来て、地元の人からも好かれている賑やかな町で私は働きたいと強く思い、ここを志望しました。

それと、御社は××社の△△アワードを受賞されており、県内外で高く評価されていることからも働きたいと考えました。

接客業が好きな私は、マクドナルドやミスタードーナツでバイトしたこともあり、毎日笑顔でお客様と接することを心がけていました。

人の役に立つことや人を笑顔にすることがとても大好きなので、このホテルに就くことができたら先輩スタッフさんのように、もっと明るく楽しく仕事ができて、やりがいを感じられるように精一杯がんばります。

私は、このホテルで接客がしたいので、そのためにもし受かることができたら、笑顔で明るく元気にいきます。

（436字）

「じまん」は「自慢」、「ふんいき」は「雰囲気」、「御社」は文書なので間違いで正しくは「貴社」など細かい部分の間違いはありますが、それ以上にこの志望理由書は、中身があるようでありません。

この地方では大体のホテルで「きれいな海」が見えますし、観光客はたくさん来ています。3行目からは志望理由を104字も書いていますが、おそらくはこのホテルだけでなく、他のホテル全てに当てはまる内容です。

6行目では「××社の△△アワードを受賞されており」とあります。一見すると、このホテル独自の志望理由のようです。ですが、「△△アワード」を受賞したことは企業側がよく理解しています。それをわざわざ書いても、「うん、知っている」でおしまいです。

この高校生が笑顔や明るさを大切にしていることはよく分かりますが、「きれいな海」「△△アワード」は誰でも書ける話です。それを3割強、書いているわけで中身が薄くなってしまっています。

添削後の文章がこちらです。

私は貴社への入社を志望します。

そして、ホテルのフロントスタッフとして貴社に貢献したいです。

私は人とかかわることが好きです。高校に入ってからはマクドナルドとミスタードーナツの２社で合計２年間、接客のアルバイトもしていました。

働いているときは、毎日笑顔でお客様と接することを心がけていました。

接客のアルバイトをしていくうちに、高校卒業後はより高いレベルでの接客を職業にしたい、と考えるようになったのです。

そこで調べていくうちに、様々な国の人とも関わることのできる、ホテルのフロントスタッフを志望するようになりました。

貴社を志望する理由はホテルの雰囲気が良く、県内外ともに評価が高いからです。

海外からのお客様ともコミュニケーションが取れるよう、英語を勉強し、実用英語技能検定２級を取得しました。さらに上の級を取得できるよう、勉強を進めています。

以上の理由から、私は貴社を志望します。


（３８６字）


この生徒は、2店舗の飲食店で合計2年間アルバイトをしていました。

アルバイトなんて誰でもやっている、と思うかもしれません。

その通りです。いくら少子化・人口減少傾向にあるといえども、日本は人口が1億人を超えています。100人しかいない村ならまだしも、そうでない以上、アルバイトであれ部活であれ、他の人と同じことはいくらでもあります。

だからといって、「誰でもやっている」からダメなんてことはありません。

この高校生は「笑顔で接客することを心がけた」とのこと。

この経験を企業側は「高校生から接客のアルバイトで笑顔を心がけていたのであれば、入社後も素敵な接客をしてくれそう」と良い見込みが持てます。それで面接では、この部分が本当かどうか、確認しよう、とあれこれ、質問するのです。

それと、この高校生はリゾートホテル志望でした。インバウンドの客も多く滞在しています。「英語を勉強し、実用英語技能検定2級を取得しました」、これだけなら資格欄に書けば十分です。

この高校生は、「さらに上の級を取得できるよう、勉強を進めています」と明記しました。この一文から、企業側は「実用英語技能検定2級を取得して、さらに上の級を目指しているとは努力家なんだな」と、これも良い見込みを持てるわけです。

もちろん、本当に英語の勉強を進めているのかどうか、面接では英語の口頭試問が入る可能性もありますので、嘘は自分の首を絞めることになります。

この高校生の志望理由書を添削した際に質問したところ、「そんな大した話ではないと思った」とのことでした。

この志望理由書はアルバイトについてでしたが、これは部活でも生徒会・委員会活動でも、家のことでも構いません。

「女子サッカー部で補欠だった。レギュラーになれなかったがそれでも続けた」という内容であれば、「体力ありそう」「地道な作業が得意そう」、「生徒会で××を運営した」であれば、「リーダーシップや企画力がありそう」と見込むことができます。

「多忙な親に代わり、祖母や弟妹の面倒を見た」であれば、「時間管理が上手そう」「マルチタスクができそう」と見込むことができます。


5章の志望理由書パターンに沿って分解してみると、構成は次の通りです。

1：冒頭
↓私は貴社への入社を志望します。
2：高校時代にその分野関連で頑張ったこと／自己PR
3：その企業を志望する理由

冒頭は、あれもこれも入れると長くなり悪文となります。没個性であっても、「私は貴社への入社を志望します」で十分です。補足して入れたいものは、2行目以降に入れていきましょう。

2・3は前記の通りです。

3は「自分の××が貴社の△（部署・部門など）で貢献できると考えた」という構成も有効です。

例：「私が部活で培った粘り強さは貴社の営業部門で貢献できると考えました」

志望理由書は書いて終わりではありません。

面接では企業側が志望理由書の内容を読んだうえで質問してきます。

「そんなこと、書きましたか？」などと覚えていないようであれば評価は著しく下がります。

志望理由書をまとめるにあたって、周囲の人に手伝ってもらうのはいいでしょう。ですが、丸投げして内容を把握していない、なんてことにはくれぐれもならないように。

○漫画が現実に　～高卒でココイチFC社長に

私立パラの丸高校という漫画コント動画の YouTube チャンネルがあります。高校生の日常を描いた動画が人気で、高校生読者の方も見ている（チャンネル登録をしている）、という方もいるはず。

さて、2023年2月18日に公開された動画「バ先で一番輝いてるギャル【アニメコント】」、これは高卒就職志望者であれば、一度見てほしい動画です。

主人公は居酒屋でアルバイトする女子高校生です。仕事が始まる前は「バイトだるおも」などとさぼりそうな勢いです。店長は当然、不安になります。

ところが、いざ仕事が始まると入店ラッシュは完璧にさばく、注文の遅いグループ客にも丁寧に対応、常連の注文は顔を見ただけで把握、仲間のミスをフォロー、品切れでクレームになるところを追加注文に変える、店長や仲間への指示もしっかり……。

最後は、冒頭では不安がっていた店長が「時給、あげてくれるんすか？」の問いかけに「……あげます」と答えるほど。

約3分間のこの動画は高校生のアルバイトがテーマです。

それを本章でなぜ取り上げるのか、それは高卒就職者が社会に出てから活躍できるかどうかが全て詰まっているからです。

まず、同じ飲食系や似たところでは販売系の仕事だった場合、この主人公のような働きぶりだと時給が上がるどころではありません。店長やエリアマネージャー、経営幹部などからも「この子は凄い」と重宝されます。おそらくは数年で店長補佐や店長を任され、5年後・10年後にはエリアマネージャー、それ以上に出世していてもおかしくはありません。当然ながら、その分給料は上がっていきます。

なぜ、評価されるのか、キャリアの専門家としてもう少し解説していきます。

まず、並みのアルバイト（または高卒就職者）であれば、入店ラッシュだけで慌ててしまいます。注文の遅いグループ客に対しても注文が来るまで黙っているなり、愛想笑いする以上のことができる人は多くありません。

その点、この動画の主人公は注文の遅いグループ客には、車で来ているからビールではなくウーロン茶の注文が1人でないと分かった時点で「生とウーロン茶、ピッチャーでもってきます？　とりま乾杯してアゲていきましょ」と柔軟な対応を見せています。

一方で、品切れを伝える際はクレームになりそうなところを、類似メニューを提案して追加注文に変えています。

この動画の続編（ヘルプで入ったバ先でも無双するギャル【アニメコント】）でも、主人公の無双は続きます。

　とうもろこしの天ぷらを3回注文した客にはさりげなく確認、問題ないと「お客さんのためにとうもろこし天、スタンバっとくんで、あと3回注文をおねしゃす」。「あんなイジっちゃって大丈夫?」と不安がる店長に対して、「ああ大丈夫っす、顔見ればわかるんで」。

　これもさりげないようで重要です。重複注文ならトラブルになりかねないところを、主人公は実はトラブルを未然に防いでいます。

　そのうえで、このとうもろこし天ぷらを美味しいと感じるのがこの客だけなのか、他の客もなのか。動画では描かれていませんが、きっとそこまで読んでいるはずです。仮に後者であれば、その分だけ仕入れ量を増やそうとか、天ぷら盛り合わせにも入れよう、などと次の展開につながります。その利益がごくわずかでも、その積み重ねで店が大きくなるのか、潰れるのかが分かれていきます。

　繰り返しますが、この主人公のようなアルバイトや社員がいれば、店長や経営幹部は重宝して、出世ルートに乗せます。

　高校生は意外と把握していませんが、社会に出ればその人の経歴の重要性は下がります。居酒屋であれば、高卒であろうと大卒であろうと、アルバイトであろうと正社員であろうと関係ありません。

客からすれば、あくまでも全員が「店員さん」なのです。

主人公は高校生のアルバイトですが、物おじせず接客します。クレームにも自分で話せる部分はきちんと対応しています。

これは機械にできることではなく、客からすれば「感じのいい店員がいたし、また行こう」となります。店長や経営幹部からすれば「接客が素晴らしいから昇給しよう」と考えます。

これが「言われたことはやるけど、それ以上はやらない」だとどうでしょうか？　アルバイトであればアルバイトのままでしょう。正社員であっても出世ルートには乗ることは難しいでしょう。

高卒就職希望の高校生は就職だけでなく、卒業・就職後の働き方についても考えるために、この動画をぜひ見てほしいです。

本書執筆のさなかも、「カレーハウスCoCo壱番屋」などをフランチャイズ展開するスカイスクレイパーで22歳のアルバイト社員が社長に抜擢されるという大ニュースがありました。[*4]
社長となったのは高校1年生の15歳の時からアルバイトを続けているアルバイトの諸沢《もろさわ》莉《り》乃《の》さん。

19歳の時に全国のココイチで当時15人しかいなかった「接客のスペシャリスト」に認定されました。
20歳から社長の後継指名を受け、2年間、準備していきます。

高校を卒業しても勉強は続きます。高卒就職者も同じです。仕事に関連するノウハウ・スキルについて、静岡銀行やバス会社のような事例があることは前記の通りです。しかし、基本は個人努力の範囲内です。仕事に必要な本や雑誌は自己負担でも買って読む、関連のありそうな資格は自分で取得していく……。こうした個人の努力に対して報奨金を出す企業はありますが、そうでない企業もあります。後者については「そういうのはブラック企業だ」との指摘もあり、そうした部分があることは否定しません。
しかし、だからと言って自己努力をしなくていい、という理由にはなりません。ブラック企業であれば、なおさら自己努力をしてスキルを上げていき、条件のいい企業に転職する方がよっぽど幸せになります。

高卒就職は大学や短大・専門学校進学と異なり、すぐ社会人となります。社会人となると、本人に悪意がなかったとしても、知らなかったでは済まされないことが山のように出てきます。責任も重く、それでも給料がすぐ上がるわけでもありません。意に沿わない単純作業や雑用ばかりのこともあります（これは高卒に限らず大卒でも同じです）。そんな中でもめげずに仕事を覚えていく、あるいは、成長するための努力ができるかどうか、そうした姿勢で大きく変わることになります。

メンタル強め美女白川さん

（獅子、KADOKAWA、2020年～／2024年7月現在、6巻まで刊行）

高卒就職の場合職場では、それが病院であれ、美容室であれ工場であれ、年上の社員・職員が多い。10代というまだ発展途上の段階で仕事をしながら複雑な人間関係の中を生き抜かなければならない。同書は、女性社員が中心の職場でポジティブさを維持している主人公を中心にまとめたエッセイ漫画だ。主人公は美人で、それが同僚や先輩・後輩から妬まれることもあるが、主人公は持ち前のポジティブさで妬んでいた先輩社員などとも仲良くなっていく。誰もがマネできるわけではないが、人間関係の構築や自己肯定感の高め方を知るためにも、高校生のうちから読んでおいて損はない。ましてや、就職希望の高校生ならなおさらだ。

進路格差
〈つまずく生徒〉の
困難と支援に向き合う

（朝比奈なを、朝日新聞出版、2022年）

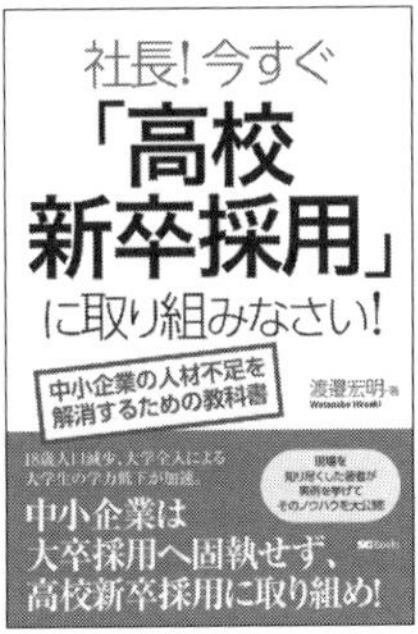

社長!今すぐ「高校新卒採用」に取り組みなさい!

（渡邉宏明、産学社、2023年）

高卒就職関連の本は適性検査や公務員試験対策のものを除くとごくわずかしかない。タイトル通り、高卒就職をテーマとしているものの、高校生ではなく採用する側を読者対象としている。筆者は高卒関連のコンサルタント。大学進学に対するスタンスは、我田引水のきらいがある。とは言え、高卒就職について採用側の視点を知ることは就職希望の高校生にとって悪い話ではない。他に、高卒就職を取り上げた本としては『進路格差〈つまずく生徒〉の困難と支援に向き合う』（朝比奈なを、朝日新書、2022年）がある。

デザイナーじゃないのに!

（平本久美子・よしだゆうこ、ソシム、2020年）

高卒で就職すると、職場では最年少の社員となる可能性が高い。そうなると、「若いしパソコンとかアプリとか簡単に使えるでしょ」という先入観で色々と任される。それが単に宣伝用のSNSの更新ならまだしも「チラシのデザイン任せた」と言われたらどうだろうか？　残念ながらこういう話は実に多い。同書はタイトル通り、デザイナーではない社員が無茶ぶりされても対応できるように、ビジネス上のチラシや名刺などのデザインを分かりやすく解説したコミックエッセイだ。同書を読んでおくと、就職後も高校生活でもプレゼンなどの機会があれば参考になる。

おわりに

「この本の類書って何でしょう？」

本書の打ち合わせの最中に、編集担当の戸澤杏奈さんから質問されました。

類書は、実はありません。

いや、個別テーマではあります。大学進学だけ、奨学金だけ、短大・専門学校だけ……。そのうちの何冊かは高校生が読む価値あり、と考えて章末でそれぞれご紹介しています。

ただ、「高校生の進路」というテーマで全部網羅している新書はおそらくは本書が初めてです。

そして、本書の特徴でもある「高校生が知ると得をする」という視点もまた、意外とありません。

これは書き手の所属が影響しています。塾・予備校講師が書き手であればどうしても担当している科目や入試種別（多くの方は一般選抜）に偏りがちです。

大学教員であれば大学の都合、高卒就職支援企業であればその企業の都合、奨学金など教育関連の運動をしている方であればその運動の都合にどうしても偏ります。

その点、筆者は無所属です。別にどこかの大学なり短大・専門学校なりの広報担当でもなければ特任教授でもありませんし、コンサルタントでもありません。

もちろん、取材等を通して親しくしている関係者はそこそこいますが、そうした人間関係と本・記事は別ものです。良くも悪くも中立、フラットな関係であるため、普段から好き勝手に書いていますし、それは本書においても同様です。

あえて言えば、「高校生の都合」を最優先しており、それぞれの志望別に、知っていれば得をする情報をできるだけ詰め込みました。

筆者は今年49歳、この仕事を始めて22年目で業界では一応、「ベテラン」という枠組みに入っているようです。22年の集大成となった、という点でも満足しています。

特に、短大・専門学校進学や高卒就職については、この仕事を始めた当初からではなく、途中から取材を始めました。取材を進めていくと、大学進学と異なり情報が少ないことに気付いたのです。いや、個別の情報や広告はいくらでもあります。中立の視点で「高校生が参考になる」という視点で書かれたものはほぼありませんでした。

本書は高校生の皆さんからすれば想定外の情報が多いはず。本書が進路選びの参考になれば幸いです。

なお、想定外の情報を提供した筆者ですが、実はキャリアにおいてはそれこそ想定外の連続だったのです。

幼稚園のときは「粘土細工屋さんになりたい」（そのとき、はまっていただけ）と作文に書いて母親を失望させました。

高校時代には、「とりあえず数学を課さない私立で何でも学べそうな社会学部を選んでおこう」と社会学部を志望していました。入学後に「何でも学べそう」はその通りでしたが、批判精神が強すぎて「何にもできない社会学」と揶揄されていたことは想定外でした。

特に人前であれこれ話すタイプではなかった（今でいうところの陰キャ）筆者が学生時代のアルバイトで日用雑貨の実演販売を担当することも、それが大学卒業後も続くことなど、大学入学時には想定すらしていませんでした。

就活時には、「大学院に行くから」という理由で就活せず。その大学院の内部進学も失敗。色々ありながらも、大学や就活を主テーマとするジャーナリストになることなど想定すらしていませんでした。

フリーランスになった経緯もそもそも想定外でしたし（一言でまとめると、前の会社をクビになった）、フリーランスになってからも想定外の連続でした。

そもそも、本書刊行の経緯も想定外です。

他社で同様の企画が進んでいたのですが「短大とか高卒就職の話とか不要」と言われて折り合わずに破談に。

その後、戸澤さんから2023年12月に書籍企画についてお話をいただきましたが、当初は別テーマでした。その打ち合わせの際に進路ものの話をしたところ、「次に出しましょう」。それがどうしたことか、この進路ものを先に出すことになったのです。

筆者はキリスト教徒ではありませんが、聖書（マタイによる福音書20章16節）の「先なるものは後に、後なるものは先に」は信じています（本来の意味は違いますが）。今回もまさに当てはまりました。

そもそも、星海社の太田克史社長とは、太田社長が副社長だった2011年に……、おっと、呼び止められたのでこの辺で。

最後に高校生の皆さんへ一言。人生、想定外の連続です。面倒だし、ときには苦しい思いもします。その一方で案外、面白いものですよ。

注釈および参考文献一覧

第1章：高校生が知らないと損する進路と夢の関係

＊1 朝日新聞2022年5月2日朝刊「（進路わたし流）お笑いやるなら千葉大、猛勉強　芸人・都留拓也さん」

＊2 『ナウなヤング』（水玉螢之丞・杉元伶一、岩波ジュニア新書、1989年）1章「ナウなヤングの分類学」の「思いこむ人々」（24〜27ページ）にも漫画形式で詳しい描写あり。かなり古い新書で時代背景などは相当異なるが図書館などで蔵書があれば読む価値あり。

＊3・15 『夢なし先生の進路指導』1巻（笠原真樹、小学館ビッグコミックス、2023年）の声優編がまさに該当（85〜87ページ）。もちろん、逆のパターン（友人や家族などの無責任な「向いてそう」が結果的に成功）もあるわけだが。

＊4 動画「第参拾七話 緒方恵美、襲来『日本のアニメ』語る」（ニューズピックス、2022年5月11日公開／インタビュイーは落合陽一）より。このフルバージョンはニューズピックスの会員登録が必要だが、短縮再編版はYouTubeで閲覧可能（「【落合陽一】緒方恵美、呪術廻戦0は『全ての経験値がなければできなかった』幽遊白書での〝大勘違い〟とエヴァ壮絶現場を激白！『声優になりたいと言う人はなれない』の真意とは？」／2022年12月28日公開）。

＊5 『少女マンガ家ぐらし』北原菜里子、岩波ジュニア新書、1993年

＊6 同書は小説家になるためのノウハウをほぼ全て公開している、と言ってもいい内容で10刷まで伸びた後、2019年に文庫本版（角川文庫）を刊行。「文庫版のためのあとがき」によると、2019年時点でデビューが5人（うち新人賞受賞は4人）とのこと。

＊7 医学部は現役生だけでなく多浪・社会人も一定数いるなどの事情は東北の国立大医学部を舞台にした漫画『Dr.Eggs』（三田紀房、集英社／2024年7月現在・8巻まで刊行）に詳しい。

＊8 メディア系学科出身のアナウンサーは上智大学文学部新聞学科だと、上村彩子（TBS）、杉浦友紀（NHK）、岩野吉樹（NHK）など。成城大学文芸学部マスコミュニケーション学科は吉田一之（NHK）など。日本大学法学部新聞学科は石川愛（福岡放送→

フリー）など。日本大学芸術学部放送学科は倉田大誠（フジテレビ）、中西沙綾（鹿児島読売テレビ）、木邨将太（青森朝日放送）など。
＊9 中日新聞2020年12月6日朝刊「家族のこと話そう　フリーアナウンサー　石井亮次さん　最期まで笑わせた父」
＊10 読売新聞2021年10月17日朝刊「2022進学特集　準備にベスト尽くしてこそ　後悔ない結果に　日本テレビアナウンサー滝菜月さん 28 早稲田大学商学部卒」
＊11 読売新聞2019年7月5日朝刊「［先生のコトバ］導かれて（4）輝きは身近な…　桝太一さん」
＊12 日刊スポーツ2016年4月10日「辛坊治郎／日曜日インタビュー」
＊13 『耳をすませば』文春ジブリ文庫、2015年
＊14 本書の就職率は以下、全て文部科学省「学校基本調査」記載の「卒業者全体に占める就職者の割合」。各メディアでは「就職率」として登場するのは文部科学省・厚生労働省の合同調査による「大学等卒業予定者の就職内定状況調査」である。ただし、こちらはサンプル調査であり全数調査ではないこと、就職氷河期と売り手市場の差が10ポイント以内に収まっており分かりづらい、と筆者は考える。「学校基本調査」は全数調査であり信頼がおけること、就職氷河期と売り手市場の差が30ポイントと大きく分かりやすいことなどから筆者はこちらを使用している。
＊16 AERA dot. 2015年3月23日公開記事「大学では地味？　テレ朝・弘中アナ『ちやほやされない』」
＊17 スポニチアネックス2019年10月19日公開記事「安住アナ、国語の教員を〝挫折〟しTBSへ入社した過去明かす　将来は『結婚してみよう』とも」
＊18 毎日新聞2017年3月23日夕刊「トーク　ホラン千秋　TBS『Nスタ』新キャスター」
＊19 『歴史劇画 大宰相 第九巻 鈴木善幸の苦悩』さいとう・たかを・戸川猪佐武、講談社文庫、2020年
＊20 『ロバートの元ストーカーがテレビ局員になる。～メモ少年～』篠田直哉、講談社、2022年
＊21 『カレチ』池田邦彦、講談社（全5巻）

＊１　インターンシップは就業体験とは言いがたいタイプが大半である。マイナビ「２０２４年卒企業新卒採用活動調査」によると、インターンシップの実施日数について、１日は80・4%、２〜３日が34・6%、１カ月以上は１・３%だった。就職情報サイトなどでは「１日インターンシップ」の呼称は消えているが、実質的にはインターンシップの大半は会社説明会や業界研究・就活講座などである。政府の就活ルールでは広報解禁は3年生3月だが、実質的なスタートは３年生５月〜６月のインターンシップ合同説明会であり、選考のピーク時期は４〜６に細分化されているのが現状である。

＊２　『不肖・宮嶋青春記』（宮嶋茂樹、ＷＡＣ、２００５年）44〜46ページ

＊３　ＭＡＲＣＨとは大学群の総称。明治大学、青山学院大学、立教大学、中央大学、法政大学の首都圏の私立難関大学グループ５校の頭文字を取っている。学習院大学を合わせた「ＧＭＡＲＣＨ」などの呼称もある。日東駒専とは大学群の総称。日本大学、東洋大学、駒澤大学、専修大学の首都圏の私立中堅校グループ４校の頭文字を取っている。大学群は他に旧帝大（東京大学、京都大学、大阪大学、名古屋大学、北海道大学、東北大学、九州大学）、早慶上智（早稲田大学、慶応義塾大学、上智大学）、早慶上理（前記のものに東京理科大学を追加）、大東亜帝国（大東文化大学、東海大学、亜細亜大学、帝京大学、国士舘大学）、大東亜拓桜帝国（前記のものに拓殖大学、桜美林大学を追加）、関関同立（関西大学、関西学院大学、同志社大学、立命館大学）、産近甲龍（京都産業大学、近畿大学、甲南大学、龍谷大学）、摂神追桃（摂南大学、神戸学院大学、追手門学院大学、桃山学院大学）などがある。いずれも、一般入試（選抜）が中心だった時代の偏差値を元に作成されており、時代に即していない、などの批判はある。ただし、高校が進学実績を説明する際や採用担当者・採用支援企業が採用状況を説明する際に「今年は早慶上智に●人合格した」「ＭＡＲＣＨクラスから●人の応募があった」などと使われており、今後も大きくは変わりそうにない。

＊４　朝日新聞デジタル２０２２年５月28日公開記事「働く20代のモヤモヤ　ＷＬＢと言われても　第２回　若者の人生観『ドラクエ型→ポケモン型』って？　永田夏来さんに聞く」

第3章：お金の面から進路を考える

＊1　労働政策研究・研修機構「ユースフル労働統計2023」

＊2　高卒就職の方が大学進学よりも得とする記事は、東洋経済オンライン「大学無償化制度利用でのFラン大進学、『高卒で就職より1000万円損』の訳　強い進学志向と『修学支援制度』の不条理とは」（2023年9月2日公開／東洋経済 education × ICT編集部）、現代ビジネス「日本では大学卒業の経済価値は決して高いとはいえない、なぜか？　役に立たない大学と価値認めない社会」（2022年6月12日公開／野口悠紀雄）

＊3　大学進学の方が高卒就職よりも所得が上、とする論文は、「私大教育の経済的効果―私大卒者の賃金に注目して―」（教育学術新聞2661号〈2016年10月5日号〉、島一則）、「高卒と大卒の学歴間賃金格差は拡大したのか？」（『季刊　個人金融』2021年冬号、豊永耕平）

＊4　看護専門学校の奨学金のトラブルについては読売新聞が2024年5月2日大阪版夕刊「系列病院勤務で免除…でも不採用　看護学生　奨学金返済必要か」を掲載した（ヨミドクターサイトでも閲覧可能）。筆者個人の考えとしては看護の専門学校の場合、戦後から続いている制度であり、不利益な情報をきちんと提供していないこともトラブルの元となっている。

＊5　奨学金返済支援制度の企業・上限額は2024年5月現在。詳細は各企業サイトを参照。
奨学金返済支援制度関連の記事は、Yahoo! ニュース　エキスパート「就活で奨学金がチャラになる〜奨学金返済支援制度のある企業120」（2023年2月20日公開／石渡嶺司）

＊6　医学部地域枠についての記事は、朝日新聞2021年12月17日記事「医学部地域枠、学生へムチ『違約金』最大842万円　人権侵害の声も」、全日本医学生連合「地域枠・地域の医師確保に関する全国調査」（2020年4月1日公開）、幻冬舎ゴールドオンライン「医学部受験『地域枠』の酷い実態…もはや『現代の人身売買』」（2021年3月14日公開、上昌広）など

＊7　専業主婦の歴史については、Yahoo! ニュース　エキスパート「専業主婦はいつ定着したのか〜そして未来は?意外な歴史を探る」（2019年8月23日公開、石渡嶺司）

＊8　法政大学・入試情報サイト（2024年5月1日確認）

＊9　ほとんどの大学は問題ないが、ごくまれに理解していない大学もある。詳細は、Yahoo!ニュース エキスパート「武蔵野大学で学費返還拒否騒動〜謎の『上から目線』対応を追う」（2024年2月23日公開／石渡嶺司）

第4章：知ると得する大学オープンキャンパスと入試動向

＊1　河合塾サイト2023年7月13日公開「受験生のオープンキャンパス参加は高2時が最多。平均の参加校数は3・3校　〜この夏は対面型のオープンキャンパスが完全復活。先輩の活用方法を大公開〜」

＊2　特に国立大学難関校や美術系大学・学部のものは予約開始と同時に予約するくらいでちょうどいいほどだ。

＊3　オープンキャンパスの交通費補助で主なものは以下の通り。

7万円：金城大学（長崎・鹿児島・沖縄・北海道の高校生限定）

2万円以上3万円未満：函館大学、育英館大学、北海道情報大学、東京農業大学（オホーツクC）、新潟医療福祉大学、新潟食料農業大学、流通科学大学、人間環境大学、四国大学など

1万円以上2万円未満：北海道武蔵女子大学、札幌学院大学、札幌国際大学、青森大学、甲南女子大学、神戸芸術工科大学、神戸国際大学、徳島文理大学、広島文教大学、安田女子大学など

長距離の無料バスを出す大学は以下の通り。

北海道内各地：北海学園大学、札幌大学、札幌学院大学など

東北各地・大宮、水戸、新潟など：東北芸術工科大学

東京、関東・福島・長野・静岡など：神奈川工科大学

新潟県内、北陸、福島：長岡造形大学（公立）

北陸各地：金沢学院大学

中部各地：朝日大学

中四国各地：安田女子大学、広島修道大学、

関西各地：大阪成蹊大学
中四国・福井など：近畿大学、京都産業大学、大阪学院大学など
四国各地：四国大学、四国学院大学、大阪商業大学、神戸学院大学など
支給金額や送迎場所、条件・日時、申し込み締め切り日などは各大学サイトを要確認。

＊4　女子大については、Yahoo!ニュース　エキスパート「女子大氷河期サバイバル～私立女子大67校の未来像をデータから検証」（2023年3月25日公開／石渡嶺司）を参照。

＊5　2024年1月、2023年度の私学助成金について7大学・法人の不交付・減額を決定した。前年10月決定分を合わせると10大学・法人が不交付・減額となった。不交付は日本大学、茶屋四郎次郎記念学園（東京福祉大学を運営）、山野学苑（山野美容芸術短期大学）。75％減が金井学園（福井工業大学を運営）。50％減が工学院大学。25％減が桜美林学園（桜美林大学を運営）、弘徳学園（姫路大学・豊岡短期大学を運営）、大阪観光大学。10％減が柏専学院（新潟産業大学を運営）、夙川学院（神戸教育短期大学を運営）。このうち、工学院大学は理事会と評議員会が対立、2023年6月以降、私立学校法で定められた評議員会を開催できていない。文部科学省は2024年3月29日に指導改善通知を送付も2024年6月時点で事態は打開していない。

＊6　定員割れ大学や募集停止・廃校となった私大については、Yahoo!ニュース　エキスパート「募集停止・廃校となる大学は何が敗因か～16校の立地・データから分析した・前編」（2023年3月30日公開／石渡嶺司／中編・後編・最終章もあり）、

＊7　地方私大の公立化については、Yahoo!ニュース　エキスパート「地方私大の公立化ドミノ～19自治体・1631億円投資の損得勘定」（2024年2月29日公開／石渡嶺司）を参照のこと。

第5章：知らないとしんどい大学入試の変化

＊1　産経ニュースサイト2022年1月25日公開「受験ABC (2) E判定が最多数　意外と知らない合格判定」

＊2　他にも、講師・学生スタッフの学歴をやたらと宣伝（難関大以外の出身でもベテラン講師がその教科について熟知しているという事例はいくらでもあり）、口コミサイトでやたら賞賛されている、資料請求に対してのレスポンスが遅い、無料体験後の勧誘がしつこい、な

ども要チェックポイント。

＊3　読売新聞2021年7月9日朝刊「大学入試改革に補助金…国、来春から　英語や記述式対象」

＊4　日本経済新聞2021年11月9日朝刊「受験考　共通テスト対策『非数学的な問題』に悩む」

＊5　日本経済新聞2018年12月1日朝刊「『文系学生も数学を』　経団連、大学に改革提言へ」

＊6　北海道大学は2026年度入試について、情報を配点することを公表した。詳細は北海道大学サイト「令和8（2026）年度入学者選抜（一般選抜）における実施教科・科目等の予告について」（2024年3月28日公開）を参照。情報については、今後も配点する・しないを各大学が細かく変更する可能性が極めて高い。各大学の入試サイトなどで確認が必要である。

＊7　筆者のコラムを使用した甲南大学文学部の入試問題については、『小論文実力養成講座　ステップアップ小論文』（第一学習社、2019年2月改訂7版）94〜99ページに掲載された。

＊8　文部科学省2023年11月29日公開「令和5年度国公私立大学・短期大学入学者選抜実施状況の概要」

＊9　ビューネクスト オンライン2022年5月17日公開「学校推薦型選抜・総合型選抜に関する大学アンケート結果報告（2）」（谷本祐一郎（株）ベネッセコーポレーション学校カンパニー教育情報センター長）

＊10　この勉強や単位取得に対する認識の差からスポーツ指導者同士がトラブルとなった事例もある。詳細はYahoo!ニュース エキスパート「織田信成の訴訟の背景は～前代未聞の指導者同士によるモラハラ騒動」（2019年11月19日公開／石渡嶺司）を参照。

＊11　読売新聞2022年9月14日朝刊「［教育ルネサンス］総合型選抜〈2〉『自分の言葉』磨く受験対策」／なお、同日含め、教育ルネサンスの「総合型選抜」シリーズ（他に2022年9月13日・20日・21日・22日の全5回）は2020年代の総合型選抜の変化をまとめた良記事である。

第6章：知ると得する短大・専門学校進学

＊1　短大は大学と同じく文部科学省の許認可事業となるため、基本金を積み立てる必要がある。そのため、大学・短大が募集停止となった場合でも、卒業者が出るまでは存続することが前提となる。一方、専門学校は大学・短大ほど厳しい要件がないため、

募集停止となるとそのまま授業停止や廃校となることもある。本書執筆中に、愛知県小牧市の愛知中央美容専門学校が5月に閉校を発表、5月31日に閉校となった。入学したばかりの1年生は授業料・入学金など約100万円を支払っていたが返金はわずか5万円だった。同様の事例は今後も起きる可能性が高い（中京テレビニュース2024年5月31日公開「授業料など返金困難なまま　美容専門学校が閉校　生徒8割は転校へ　愛知・小牧市」）。

＊2　この早期出願を敬遠するのは高校側も同じだ。ただし、その高校の指導に対して、保護者の一部が「早期出願が良くないのであれば、受けられるはずだった割引分を補填してくれるのか？」とのクレームを入れた、との話もある。資質やマッチングなどを考えずに即決して、それで後から合わないことに気付いて中退するリスクを考えれば、そんな発想にはならない、と筆者は考える。

＊3　テレビ朝日「グッド！モーニング」2023年5月16日放送「独自　サラリーマンから転職も　海外出稼ぎで大金　すし職人希望」

第7章：成績が普通でも明暗分かれる高卒就職

＊1　リクルートワークス研究所「ワークスリポート2021　高校生の就職とキャリア」11ページ

＊2　業界団体による高卒就職希望者向けのイベントは、筆者が観察している限り、業界団体側の告知不足が多い（下手に告知すると1人1社制を誤解した教員からクレームが来るためか？）。あるいは、告知しても情報感度の高い高校ないし教員が告知して一部の高校のみで占められる、というケースも多い。逆に言えば、成績が中下位の高校生でも、こうしたイベントに参加するだけで視野は広がる。

＊3　「作文は自分の思いを好きに書いていい、と言われた。それと同じではないのか？」との質問を受けることがある。志望理由書はその企業を志望する理由をまとめた書類であり作文とは異なる。企業は短い時間で合否判定を決めるために志望理由書の提出を求める。その企業にとって採用したいかどうかを決める判断材料であり、そこに「大学に進学できないので」などの余計な情報を書いても無意味である。

＊4　ＭＢＳニュース２０２４年５月９日公開「『ココイチＦＣ企業』22歳の新社長『現場に入り続ける社長でいたい。全員と働きたい』アルバイトから異例の大抜擢！その素顔とは？　そして抜擢した会長に聞く真意」、AERA dot. ２０２４年５月22日公開「22歳『ココイチ』ＦＣ新社長の諸沢莉乃さん　就任して約３週間『ＳＮＳの心ない書き込み』に思うこと」など

星海社新書 30

夢《ゆめ》も金《かね》もない高校生《こうこうせい》が知《し》ると得《とく》する進路《しんろ》ガイド

二〇二四年 七 月 二二日 第 一 刷発行

著　　者　石渡《いしわたり》 嶺司《れいじ》

発 行 者　太田克史《おおたかつし》

編集担当　戸澤杏奈《とざわあんな》

発 行 所　株式会社星海社
〒一一二-〇〇一三
東京都文京区音羽一-一七-一四 音羽YKビル四階
電　話　〇三-六九〇二-一七三〇
FAX　〇三-六九〇二-一七三一
https://www.seikaisha.co.jp

発 売 元　株式会社講談社
〒一一二-八〇〇一
東京都文京区音羽二-一二-二一
(販 売) 〇三-五三九五-五八一七
(業 務) 〇三-五三九五-三六一五

印 刷 所　TOPPAN株式会社

製 本 所　株式会社国宝社

アートディレクター　吉岡秀典《よしおかひでのり》（セプテンバーカウボーイ）

デ ザ イ ナ ー　山田知子《やまだともこ》＋チコルズ

フォントディレクター　紺野慎一《こんのしんいち》

校　　閲　鷗来堂《おうらいどう》

ISBN978-4-06-536377-5
Printed in Japan

303

SEIKAISHA SHINSHO

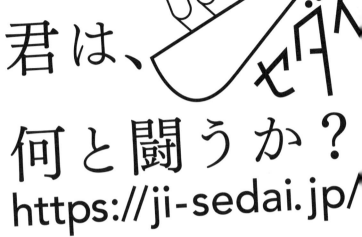

次世代による次世代のための

武器としての教養
星海社新書

星海社新書は、困難な時代にあっても前向きに自分の人生を切り開いていこうとする次世代の人間に向けて、ここに創刊いたします。本の力を思いきり信じて、みなさんと一緒に新しい時代の新しい価値観を創っていきたい。若い力で、世界を変えていきたいのです。

本には、その力があります。読者であるあなたが、そこから何かを読み取り、それを自らの血肉にすることができれば、一冊の本の存在によって、あなたの人生は一瞬にして変わってしまうでしょう。思考が変われば行動が変わり、行動が変われば生き方が変わります。著者をはじめ、本作りに関わる多くの人の想いがそのまま形となった、文化的遺伝子としての本には、大げさではなく、それだけの力が宿っていると思うのです。

沈下していく地盤の上で、他のみんなと一緒に身動きが取れないまま、大きな穴へと落ちていくのか？　それとも、重力に逆らって立ち上がり、前を向いて最前線で戦っていくことを選ぶのか？

星海社新書の目的は、戦うことを選んだ次世代の仲間たちに「武器としての教養」をくばることです。知的好奇心を満たすだけでなく、自らの力で未来を切り開いていくための〝武器〟としても使える知のかたちを、シリーズとしてまとめていきたいと思います。

2011年9月

星海社新書初代編集長　柿内芳文

SEIKAISHA
SHINSHO